편하게 만나는 프랑스 철학

데카르트와의
1시간

편하게 만나는 프랑스 철학

데카르트와의
1시간

초판 1쇄 인쇄 2019년 7월 12일
초판 1쇄 발행 2019년 7월 19일

—

지은이 이명곤
펴낸이 이방원
기획위원 원당희
편　집 윤원진 · 정조연 · 김명희 · 안효희 · 정우경 · 송원빈
디자인 손경화 · 박혜옥　**영 업** 최성수　**마케팅** 이미선

펴낸곳 세창출판사
출판신고 1990년 10월 8일 제300-1990-63호
주소 03735 서울시 서대문구 경기대로 88 냉천빌딩 4층
전화 02-723-8660　**팩스** 02-720-4579
이메일 edit@sechangpub.co.kr　**홈페이지** http://www.sechangpub.co.kr/

—

ISBN 978-89-8411-835-5 02160

이 도서의 국립중앙도서관 출판시도서목록(CIP)은 서지정보유통지원시스템 홈페이지(http://seoji.nl.go.kr)와 국가자료공동목록시스템(http://www.nl.go.kr/kolisnet)에서 이용하실 수 있습니다.(CIP제어번호: 2019025687)

데카르트와의
1시간

편하게 만나는
프랑스 철학

이명곤 지음

세창출판사

차례

1장

데카르트의 위대한 자각

〈파랑새〉는 벨기에의 극작가 마테를링크가 지은 동화극이다. 비록 동화이지만 이 작품에는 인생의 진실에 대한 심오한 메시지가 들어 있다.

크리스마스 전날 밤, 나무꾼의 두 어린 남매의 꿈에 요술쟁이 할머니가 병으로 누워 있는 자신의 딸을 위해 파랑새를 찾아 달라고 부탁한다. 여기서 파랑새는 행복의 상징이다. 두 남매는 '행복의 파랑새'를 찾아 멀리 여행을 떠난다. 죽음의 나라, 추억의 나라, 밤의 궁전, 행복의 궁전 등 두루두루 찾아보았지만 파랑새를 찾지는 못한다. 실망한 두 남매는 집으로 돌아올 수밖에 없었다. 그런데 자신들의 집에 다시 돌아왔을 때, 이들은 집 처마에 매달린 새장 안에 '행복의 파랑새'가 살고 있음을 발견하게 된다. 이 일화는 행복이란 멀리 있는 것이 아니라 바로 우리 곁에 혹은 우리 마음속에 있음을 말해 주고 있다.

이와 유사하게 철학자 데카르트는 진리란 멀리 있는 것이 아니라, 바로 우리 곁에 혹은 우리 마음속에 있다고 말하고 있다. 그것은 모든 인간이 동등하게 지니고 탄생한 사유하는 능력, 옳고 그름을 판단하고, 참된 것과 거짓된 것을 구분하며, 진리와 오류를 알 수 있는 생각하는 능력을 말하는 것이다. 데카르트는 사람들이 올바로 사유하기만 한다면 숨겨져 있는 진리도, 멀리 떨어져 있는 진리도 발견하게 될 것이라고 말하고 있다. 이제부터 사유하는 능력이 어떠한 것인지를 알아보자.

◯ 진리를 향한 열정, 권위보다는 냉철한 이성을 …

"나는 사유한다, 고로 나는 존재한다

Cogito ergo Sum."

이 말은 '사유한다는 것'이 무엇인지 그리고 '존재한다는 것'이 무엇인지, 나아가 '나(자아)'라는 주어의 의미가 무엇인지에 따라 다양하고 풍부한 의미를 내포하고 있다. 하지만 분명한 점은 데카르트의 이 말이 그의 인생 여정에서 가장 놀라운 결실이라는 점이다. 농부가 한 줌의 쌀을 손 안에 쥐기 위해서는 봄부터 가을까지 힘든 일과 노고를 전제로 하듯이 이 작은 명제는 그가 학문적 도정에서 겪었던 무수한 시련과 고독한 분투의 결실이었다. '근대철학의 아버지', '프랑스 철학의 선구자', '합리론의 창시자' 등 그의 사상을 드러내는 별칭들은 모두 이 작은 하나의 명제에 깊이 연관되어 있다.

데카르트 관련 서적이나 뉴스, 기사 등을 살펴보면 '근대철학의 선구자'라는 표현이 자주 등장한다. 그러나 그는 법학을 전공하면서 지동설을 지지하였고, 물의 압력과 빛의 굴절에 관한 물리학 논문을 발표하였으며 '데카르트좌표'를 창안하는 등 수학과 과학에서도 빼어난 재능을 드러내었다. 나아가 라틴어가 기반인 르네상스 시대에 프랑스어로 책을 내는 등 다양한 분야에서 실력을 발휘하였다. 요즘 말로 하자면 학문계의 '끝판왕', '최종 보스' 정도가 아닐까 한다.

비록 데카르트가 '근대철학의 아버지'라는 별명을 가지고 있지만, 그는 시기상으로 르네상스 후기를 살다 간 사람이었다. 당시는 여전히 다방면에 결쳐 가톨릭교회의 권위가 전 유럽을 지배하던 시기였고, 갈릴레오가 지동설을 정립하였으나 교회의 위협에 굴하여 자신의 이론을 철회할 수밖에 없었던 시기였다. 갈릴레오가 지동설을 주장하고 철회하였던 바로 그해에 데카르트는 5년 동안(1629~1633년)이나 심혈을 기울여 저술한 자신의 최초의 저작을 출간하고자 준비하고 있었다. 하지만 갈릴레오의 지동설이 '이단'이라고 판결되자 그는 출간을 포기하고 만다.

자신의 저술이 어느 정도 갈릴레오와 세계관을 공유하고 있었고, 그의 지동설을 지지하는 내용을 포함하고 있었기에 출간을 포기한 것이지요. 그 저술의 제목은 『세계 혹은 빛에 관하여』였습니다.
(이 책의 내용은 후일 그의 『방법서설』의 서문에 활용되었고, 데카르트 사후인 1664년에 출간되었습니다.)

청소년기의 데카르트는 시의원의 아들로서 헨리 4세가 설립한 명문이었던 콜레주 라플레슈College La Flèche에서 16살 되던 해까지 꽤 수준 높은 교육을 받을 수 있었다. 그의 스승이었던 마랭 메르센Marin Mersenne 신부는 매우 엄격하였고 헌신적으로 교육하였으며, 데카르트는 그의 교육자로서의 재능과 학생들에 대한 헌신을 매우 높이 평가하며 항상 경의를 표하였다고 한다.

반면 데카르트는 당시의 교육 프로그램에 대해서는 강한 불만을 가지고 있었다. 자신이 추구해야 할 목표에 대한 어떠한 확신도 주지 못하였고, 도덕적인 가르침들은 어떠한 증명도 없이 미덕만을 강조하였으며, 철학은 여전히 신학을 옹호하는 역할만을 할 뿐이었다고 그는 불만을 토로하였다. 오직 수학만이 데카르트의 마음에 들었다고 말한 바 있지만, 수학 역시도 실용적인 응용과 군사적 기술을 위해서만 사용되고 있다고 그는 비판하였다.

"그 위에서는 더 나은 어떠한 것도 만들어지지 않았다."

학교공부에 대한 데카르트의 불평은 당시의 교육체계가 어떠했는지를 짐작게 한다. 1616년에 데카르트는 수학을 선택과목으로 하여 바칼로레아baccalauréat를 통과하고 동시에 푸아티에Poitiers 대학의 법학학사 학위를 획득하였다.* 하지만 대학교육에 대한 그의 생각은 고교시절의 그것과 전혀 달라지지 않았다. 너무나 많은 지식을 습득하였지만 왜 그런 것인지, 왜 그렇게 되어야 하고 그렇게 행동해야 하는 것인지에 대한 질문에는 대학에서도 어떠한 분명한 답을 주지 않았던 것이다.

데카르트는 삶에 대한 분명한 이해와 확실한 신념을 통해 의미 있고 가치 있는 삶을 추구하고자 하였다. 하지만 이에 대해 별다른 해법을 제시하지 못한 당시 대학 학문들에 대해서는 강한 실망과 회의를 느낄 수밖에 없었다. 모든 것에 있어서 분명한 이해와 정당하고 합당한 답을 찾고자 하는 목마름은 사실상 모든 시대, 모든 계층에서 주어질 수 있

* 프랑스의 '바칼로레아' 시험은 일종의 '철학논술 시험'입니다. 과거 '바칼로레아'는 대입 시험이 아니라, 일종의 인문학 '자격증명서' 같은 것으로서 중산층 이상의 자녀들이라면 누구나 이 시험을 통과하고자 하였답니다. 바칼로레아는 현대에 와서 프랑스의 대입 시험으로 정착하였는데요. 프랑스어, 철학, 고전 등의 필수과목과, 한 과목의 비인문학 선택과목으로 구성됩니다. 합격률은 약 65%이며 합격자들은 주거지역 내에 있는 모든 대학 모든 학과를 선택하여 진학할 수 있다고 해요. 시험을 통과하지 못한 학생들은 일종의 전문대학 시험인 '기술 바칼로레아 시험'을 보게 된다고 합니다. 수백 년 동안 동일한 시험방식을 유지하고 있는 프랑스의 교육제도가 놀랍지 않나요?

는 인간의 본성적인 갈망이다.

오늘날의 한국 사회를 살아가는 젊은이들이 과정의 평등, 정의와 공정함을 추구하며 친인척 채용, 현대판 음서 같은 부당함에 반대하여 블라인드 채용을 이끌어 낸 것도 그러한 갈망의 표출이다. 현대의 젊은이들이 갖는 의문을 데카르트도 역시 가졌다. 그 역시 남달리 특출난 재능을 가지지 않은 그저 평범하고 성실한 학생이었다. 그러나 오직 한 가지, 매사에 '적당히'를 용납할 수 없고 냉철한 이성으로 모든 것에서 분명하고 확실한 진리를 추구하고자 하는 열정은 누구도 그를 따라가지 못하였다.

의문이 나는 것은 그냥 지나치지 않고 질문을 해 대는 그를 두고 그의 아버지는 '작은 철학자'라는 별명으로 불렀다 한다. 아마도 데카르트를 천재라고 한다면 그는 "수재는 재능이 만들고, 천재는 열정이 만든다"는 그러한 의미에서 천재였을 것이다.

그가 철학을 시작하면서 가졌던 다음과 같은 각오는 그의 철학함의 특성을 잘 말해 주고 있다.

철학이 몇 세대 사이에 나타난 가장 뛰어난 정신의 소유자들에 의해 연구되어 왔는데도 불구하고, 아직껏 논쟁의 여지가 없는, 의문을 용납할 여지가 없는 사항이 철학에는 거의 하나도 존재하지 않는다는 것을 알게 되었다. 동일한 문제에 관한 한 진실한 의견은 하나밖에 없음이 당연한데도 실제로는 참으로 많은 상이한 의견이 존재하고, 그것이 각각 학식 있는 사람들에 의해 주장되고 있음을 보고, 나는 진실처럼 보일 뿐인 일체의 사항을 거의 거짓된 것으로 간주하였다. …
앞으로 나는 오직 나 자신 속에서 발견될 수 있는 학문, 혹은 또 세상이라는 크나큰 책 속에서 발견될 수 있는 학문 말고는 어떠한 학문도 구하지 않으리라는 결심을 하였다.

— 『방법서설』, 1부

우리는 은연중에 '합리주의자란 책상머리에 앉아서 단순히 이론적으로 추리하는 사람'이라고 생각한다. 그러나 데카르트에 따르면 이러한 우리의 생각이 얼마나 잘못되었는지를 깨닫게 된다.

대학을 졸업한 데카르트는 우선 인생의 목표를 세우기 위해 파리로 상경하였으며, 2년 동안 도시의 이름 없는 한 모퉁이에서 아무도 만나지 않은 채 혼자서 위대한 고전과 철학적 저술뿐 아니라 점성술, 수상학 등 거의 모든 분야의 책을 섭렵하였고 한다. 하지만 자기 인생의 답을 구하지 못한 채, 그는 도피하듯 자원하여 군에 입대하였다.

아이러니하게도 데카르트가 진정한 자신만의 학문을 시작한 곳이 바로 군 생활 중에서였다. 1618년 데카르트는 네덜란드의 왕자인 모리스 드 나소Maurice de Nassau의 군대에서 복무하던 중 젊은 과학자 베크만I. Beeckman을 만나게 되고, 그와의 담론을 통해 '화병에 담긴 물의 압력'과 '진공에서의 돌의 추락'에 관한 물리학 논문 두 편을 작성하게 된다. 바로 이때부터 그는 기하학, 대수학 및 역학에 관한 연구를 시작하며 과학적이고 보편적인 학문적 방법을 모색하기 시작한 것이다.

약간은 낭만적인 이야기 같지만, 1619년 11월 10일 데카르트는 세 가지 연속되는 꿈을 꾸게 된다. 당시 그는 철학적 사명에 헌신하고자 마음을 먹었는데, 그 와중에 꿈을 꾸

• 최초의 데카르트 전기를 쓴 아드리 앙 바예(Adrien Baillet)는 1619년 11월 10일 꾸었던 데카르트의 꿈이 그로 하여금 철학자의 소명을 가지게 한 것이라고 전해 주고 있지만, 이 꿈이 구체적으로 어떤 내용인지는 알려진 바가 없습니다.

게 되자 이 연속된 세 꿈이 그러한 자신을 축복하고 있다고 해석하였다.● 그렇다면 데카르트에게 철학자의 사명이란 무엇이었던가?

데카르트에게 있어서 '소명의식'이란 곧 자신이 하는 일에서 가장 큰 보람과 만족을 느끼는 것을 업으로 삼는 사람의 정신이다. 그리고 철학자란 곧 진리를 탐구하고 오직 여기서 진보하는 것에 가장 큰 만족을 느끼는 사람이다. 그리고 그는 이러한 일이 철학자에게는 세상을 위해서 유익한 무엇 즉 선을 행하는 유일한 것으로 보았다. 그러니 데카르트가 철학을 자신의 소명으로 여기는 것은 당연한 일이었다.

그는 『방법서설』에서 "자신에게 가장 명예로운 직위를 주고자 하는 사람보다는 자신이 방해받지 않고 여유를 가지고 진리를 탐구할 수 있도록 배려하는 사람에게 오히려 더 고마워하게 될 것"이라고 말하였는데 이는 그의 철학자로서의 소명을 단적으로 표현하는 말이다. 이후 그는 군을 떠나 다방면의 학자들을 만나기 위해 전 유럽을 여행하는 여행자로서

철학자적인 안목으로 모든 사람의 각각 다른 행동이나 사업을 바라볼 때 거의 모든 것이 나에겐 헛되고 무익한 것처럼 보인다. 하지만 진리의 탐구에 있어서 내가 이미 달성했다고 생각하는 진보에는 나는 더할 나위 없는 만족을 느끼지 않을 수 없었다. 한낱 인간일 뿐인 자의 일 가운데서, 틀림없는 선(善)으로서 무언가 유익한 일이 있다면 이것이야말로 내가 선택한 일이라고 감히 나는 생각하고 있다.

— 『방법서설』, 1부

의 길을 떠나게 된다. 데카르트는 다음과 같이 여행의 목적을 말하고 있다.

천천히 걷는 사람이라도 만일 언제나 올바른 길을 선택한다면, 잘못된 길을 뛰어가는 사람보다도 훨씬 앞질러 나아갈 수 있다.

— 『방법서설』, 1부

이 여행은 1637년까지 약 17년 동안 이어지는데, 덴마크, 독일, 오스트리아, 보헤미아, 헝가리 그리고 포메라니아 Poméranie로 전 유럽을 유랑하면서 당대의 유명하다는 석학들을 만나 진리에 대한 그의 갈증을 채우고자 분투하였다. 데카르트가 진리를 추구하며 유랑생활을 시작한 지 2년째 되던 해인 1622년에 그는 어머니가 남긴 유산을 상속하게 된다.

『전기』에 따르면 그의 어머니는 자신의 아들이 경제적인 걱정 없이 학문에 매진할 수 있도록 충분한 재산과 6,000권의 책을 유산으로 남겨 주었다. 하지만 데카르트 생후 1년 만에 임종한 어머니가 26년 후의 자식의 앞날을 내다보았을 리는 없었을 것이다. 그럼에도 한 어머니가 자식에게 줄 유산으로 ―약간의 과장이 있다고 하더라도― 6,000권의 책을 남겼다는 사실은 놀라울 따름이다. 아마도 이렇다 할 직업도 없이 오직 진리를 추구한다는 한 가지 열정만으로 전 유럽을 방랑하였던 데카르트에게 어머니의 유산보다 더 큰 격려는 없었을 것이다.

데카르트는 진리 탐구를 찾아 떠난 여행 도중 결투에도 휩

싸이는데, 승리 후 자신에게 감사를 표하는 여성에게 다음과 같이 말했다고 한다. "이 세상에서 진리의 아름다움과 비교할 수 있는 아름다움은 어디에도 없습니다." 진리를 위해서라면 파이터 기질도 거리낌 없이 발휘하는 것을 보면 그도 공부만 하는 샌님이나 꽁생원은 아니었던 것 같다. 그의 진리에 대한 갈망이 얼마나 깊고도 넓었는지 가늠이 된다.

결투에서 승리한 데카르트는 "이 세상에서 진리의 아름다움과 비교할 수 있는 아름다움은 어디에도 없습니다"라고 말했다고 했죠? 그런데 진리는 참된 것이지 아름다운 것은 아니지 않나요? 이 말은 곧 '세상에는 아름다운 것보다 더 큰 가치를 지닌 것이 있음'을 의미하는 것이 아닐까요?

이 유랑의 시기에 그는 자신만의 학문적 방법을 실험하고, 여러 작품을 기획하였는데, 그의 방법론의 핵심이 담겨 있지만 불행히도 미완성으로 남아 있는『정신활동을 위한 원

• 국내에는 『정신지도를 위한 규칙』
이라는 제목으로 번역되어 있지만 '정
신지도'라는 말이 모호한 표현이어서
이 책에서는 '정신활동'으로 번역하였
답니다.

칙들*les Règles pour la direction de l'esprit*』* 과 1626년에 발견한 '광선의 굴절법칙'은 이 첫 시기의 가장 큰 결실이라고 할 수 있을 것이다. 특히 『정신활동을 위한 원칙들』은 데카르트에게 '근대철학의 아버지'라는 별명을 붙여 주게 된 계기가 되었으며, 그의 야심 찬 계획의 첫 결실을 보여 주는 것이었다. 그렇다면 무엇이 그로 하여금 근대철학의 아버지가 되게 하였고 또 그의 야심 찬 계획은 무엇이었던가?

데카르트는 올바른 사유의 활동을 위해서 스물한 가지의 다양한 규칙을 정하였는데, 그 첫 번째는 다음과 같은 것이었다. 그리고 『방법서설』 4부에서도 이와 동일한 말을 하고 있다.

진리를 탐구하기 위해서, 생애에 단 한번은 (가능한 한도 내에서) 모든 것을 의심해 보는 것이 필요하다.

— 『정신활동을 위한 원칙들』, 제1원칙

나는 오래전부터 실제생활에 있어서는 매우 불확실한 것임을 알고 있는 의견들을 마치 그 것들이 의심할 것이 아닌 양 따르는 일이 가끔 필요함을 알고 있었다. 하지만 이제 내가 오로지 진리 탐구에 몰두하고자 하기 때문에 이와 아주 반대되는 일을 해야 한다고 생각하였다.

— 『방법서설』, 4부

더 이상 의심할 수 없는 확실한 진리를 수용하기 위해서 그 자체로 확실하지 않은 모든 것을 의심해 보는 것, '방법적 회의'라고 불리는 이러한 원칙은 전통을 존중하는 당시 유럽의 학계에는 매우 불순한 것으로 비쳤을 것이다.

그는 진리를 위해 '권위'를 버리고 '냉철한 이성'을 택했다. 한때 우리나라는 황우석이라는 학자의 말에 명확한 검증 없이 맹목적인 믿음을 보였다가 국가적인 망신을 당한 적이 있다. 수많은 책과 언론기사는 그를 칭송하고 떠받들었지만, 그의 거짓이 드러나는 순간 그것들은 불쏘시개가 되었다. 데카르트는 바로 이것, 속단과 편견을 경계해야 한다고 말하였

방법적 회의란 의심 자체를 목적으로 하는 다른 회의론자들과 달리, 알고 있는 것을 의심하되 참된 출발점을 찾기 위한 방법, 즉 더 이상 의심할 수 없는 '명석 판명한 진리'를 가지기 위해 데카르트가 활용한 방법론을 말합니다.

다. 바로 '권위에 의존하는 오류' 말이다. 대개 학자들은 기존 연구자의 진리를 수용하고 그 위에 자신의 사상을 얹으려고 하지만, 문제는 사실 기존의 진리라는 것이 반드시 명석 판명한 것은 아니라는 점이다. 그는 "학자들의 이론이란 상식에서 동떨어져 있을수록 그것을 진실인 양 꾸며 보이기 위해 그만큼 많은 재치와 기교를 부려야 한다"(『방법서설』, 4부)라고 생각하며 이를 '학자들의 허영심'이라고 불렀다. 그래서 그는 『형이상학적 성찰』의 제1성찰에서도 '방법적인 회의'를 "우리들의 온갖 선입견으로부터 해방시켜 주는 것"이라고 말하고 있는 것이다.

그런데 사람들이 진리를 깨닫지 못하고 거짓이나 자기오류에 빠지는 까닭은 무엇일까요? 자신도 모르게 속단과 편견 혹은 선입견을 가지고 있기 때문은 아닐까요?

　오늘날 '가짜 뉴스'라는 것도 알고 보면 모두 '속단과 편견'에서 비롯된 것들이다. 속단의 이유는 어떤 사실에 대해서 그것이 진정 사실인지를 진지하게 생각해 보지 않는다는 것에 있고, 편견이란 '편향된 견해' 즉 공정한 견해보다는 자신이나 자신이 속한 집단의 이익을 위해서 '자기중심적인 견해'를 가지는 것을 말한다. 오늘날 유행하는 단어인 '팩트 체크'는 바로 이렇게 속단에 빠져 있는 가짜 사실을 밝혀 보고자 하는 노력이다.

　하지만 '팩트'가 사실이라고 하더라도 여전히 편견의 위험은 남아 있다. 왜냐하면 사실로부터 견해를 가진다는 것은 이러한 사실들이 가진 의미나 가치를 규정하는 것을 말하기 때문이다. 올바른 의미와 가치의 규정을 위해서는 문화적, 역사적 상황과 현실의 상황 등을 다양하게 고려하고 신중하게 사유하는 것이 필수적이지만, 사람들은 여러 가지 이유로 스스로 생각하기보다는 자신이 지지하는 '매스컴'이나 '정치집단'의 견해를 자신의 견해로 취하고 마는 것이다. 논리학에서는 이러한 오류를 '권위에 의존하는 오류'라고 한다. 데카르트는 "나는 사유한다, 고로 나는 존재한다"는 명제로써 '진리란 내가 스스로 사유하는 한에서 주어질 수 있는 것이며, 그런 한 나는 인간으로서 혹은 나답게 존재할 수 있다'는 것을 말하고자 하는 것이다.

인간이 '호모 사피엔스' 즉 '생각하는 존재'라는 말은 인간이 가진 가장 인간다운 무엇이 '생각하는 것'이라는 말이다. 물론 인간은 다만 생각하는 존재일 뿐만 아니라, 욕망하고, 창조하고, 기도하고, 사랑하는 등 수많은 행위를 하는 존재이다. 이는 사실이다! 하지만 그중에서도 사유한다는 것이 상실되면 나머지 모든 것도 '사상누각'이 될 수밖에 없을 만큼 사유가 이 모든 것들의 지반이요 핵심이 된다는 것도 또한 사실이다.

잘 판단하여 참된 것을 거짓된 것으로부터 분리시키는 능력
—이것은 본래 상식 또는 이성이라고 일컬어지는 것이다—
은 모든 사람이 태어나면서부터 동등하게 부여받는 것이다.

— 『방법서설』, 1부

생각해 보자. 내가 아무리 위대한 일을 욕망하고 있다고 해도, 만일 이 일이 올바르고 타당한 것인지, 나아가 나의 능력으로 이룰 수 있는 것인지 혹은 나의 능력을 벗어나 있는 것인지에 대해서 먼저 생각하지 못하였다면 내가 가진 욕망은 한갓 헛된 것일 수도 있다. 마찬가지로 내가 고뇌하는 벗을 사랑하고 있다고 해도, 이 사랑이 진정 벗을 돕는 행위인지 혹은 또 다른 자기사랑인지를 먼저 생각하지 않았다면 이 사랑은 위선이거나 벗의 고뇌를 가중시키는 것이 될 수도 있다. 그러므로 나의 모든 행위에 전제되는 유일하게 공통된 한 가지 덕이 있다면 그것은 깊이 사유한다는 것에 있다. 이

는 진리를 탐구하는 학문의 영역에서도 예외가 아니다. 그리고 이 사유하는 능력은 모든 인간이 동등하게 가지고 태어난 이성의 능력인 것이다.

그리고 데카르트는 이성의 올바른 법칙에 따라 ─즉 올바른 연역에 따라─ 사유의 원칙을 잘 지키기만 한다면 "아무리 멀리 떨어져 있다고 해도 도달하지 못할 것이 없으며, 아무리 숨겨진 것이라 해도 결국은 발견하지 못할 것이 없다"(『방법서설』, 2부)고 생각하였다. 우리는 '사유하는 것'을 가장 인간적인 것으로, 인간이 인간답게 살 수 있는 무기이며 또한 진리를 추구하는 가장 근본적이고 우선적인 도구로 생각하는 데카르트의 정신을 인간성에 대한 긍정이며, 모든 인간을 다 같이 소중한 인간, 존엄한 인간으로 생각하는 만인 평등 사상의 싹이라고 부를 수 있다. 왜냐하면 이러한 사유의 능력은 탄생과 더불어 누구에게나 동등하게 주어진 선천적인 능력이기 때문이다.

○ 보편적인 학문을 향한 청년 데카르트의 야심 찬 프로젝트

데카르트의 원칙들은, 의도한 것은 아니었지만, 당시까지 학문적 영역에서 확고하게 우위를 차지하고 있었던 아리스토텔레스주의(중세에 의해 해석된 아리스토텔레스 사상)를 뛰어넘을 수 있는 보편적인 학문의 정초를 의미하였다.

여기서 보편적인 학문이란 두 가지 의미를 가지고 있지요.
하나는 모든 학문에서 '진리'를 찾으려는 '보편적인 방법'을 발견하는 것, 즉 중세의 불확실한 학문들을 수학만큼이나 분명하고 확실한 학문으로 대체하고자 한 것이었습니다.
다른 하나는 이러한 학문적 방법을 통해서 모든 학문에 하나의 '통일성'을 부여하는 것이었습니다.

오늘날 '통섭統攝'이라고 말하는 것이 바로 이러한 데카르트적 학문의 통일성과 다르지 않다. 그렇지 않다 해도 최소한 통섭이 가능하기 위해서는 데카르트식의 보편적인 방법론을 전제하지 않을 수 없다는 것은 사실이다. 베르그송은 현대사회를 '자아가 분열된 인격'에 비유하였는데, 그 이유는 동일한 인간에 대해 탐구하는 제 학문들이 더 이상 서로 소통할 수 없게 되었다고 보았기 때문이다.

인간은 학문의 분야만큼 다양한 자아를 지니고 살아간다. 생물학적 자아, 가족적 혹은 민족적 자아, 역사적 자아, 문화적 자아, 종교적 자아 등이다. 하지만 더 이상 의사와 시인이, 역사가와 문화학자 혹은 과학자와 성직자가 서로 소통할 수 없게 되었다는 것이 현대사회의 특징이다. 데카르트가 본 당시의 사회 역시 이와 다르지 않았고, 데카르트는 이러한 학문들 사이의 이질성을 극복할 '보편적인 학문의 방법론'을 마련하고자 한 것이다. 그리고 이러한 방법론의 핵심은 그 자체로 명석 판명한 진리들을 발견하는 데 있었다.

사람들이 프랑스 철학의 특징을 말할 때, "분명하지 않은 것은 어떤 것도 프랑스적이지 않다Tout ce qui n'est pas clair n'est pas français"라고 말하곤 한다. 데카르트적 정신에서는 그 자체로 명료하지 않는 것, 즉 '명석하고 판명'하지 않은 것은 아직 진리라고 말할 수 없는 것이다. '명석하다'는 것은 의심의 여지가 없이 우리의 정신에 의해 진리라고 직관적으로 알 수 있는 것을 말하며, '판명하다'는 것은 다른 어떤 개념과도 혼동되거나 모호하지 않은 순수하고 단순한 개념을 말한다.

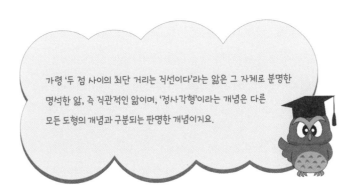

가령 '두 점 사이의 최단 거리는 직선이다'라는 앎은 그 자체로 분명한 명석한 앎, 즉 직관적인 앎이며, '정사각형'이라는 개념은 다른 모든 도형의 개념과 구분되는 판명한 개념이지요.

인생을 살아가면서 이렇게 명석 판명하게 무엇을 이해하고 있는 경우는 퍽 드물다. 가령 우리는 "적폐는 해소되어야 한다"라고 이구동성으로 말하지만 "무엇이 적폐인가?"라고 묻는다면 답하기가 쉽지 않다. 만일 누군가 "불법을 저지르는 것을 적폐"라고 말한다면 경찰들은 매일같이 적폐를 해소하느라 시간이 없을 것이다. 그래서 "어떠한 종류의 불법을 어느 정도 저질러야 적폐라고 할 수 있는가?"를 묻는다면 이 역시 분명하게 말할 수는 없을 것이다. 마찬가지로 "정의는 실현되어야 한다"라고 말하지만 "무엇을 정의라고 하는가?"를 묻거나 적폐 해소와 정의 실현은 동일한 것인지를 묻는다면 대답하기가 쉽지는 않을 것이다. 이렇게 우리가 일상적으로 사용하는 말들, 자유나 인권, 평화나 통일 혹은 시간이나 의무 등에 대해서 이것이 정확하게 무엇을 의미하는지를 묻는다면 누구도 정확하게 말하기가 어려울 것이며, 사람들은 저마다 조금씩 다르게 말할 것이다.

이처럼 데카르트는 당시의 학문들이 매우 모호하고 불분명한 개념들을 가지고 세계와 인생에 대해서 말하고 있기에 납득하기가 어렵고 서로 소통할 수 없다고 본 것이다. 그리하여 데카르트는 자신의 정신에 있어서 '명석 판명'하게 진리라고 인정할 수 있는 것만을 진리로 받아들인다. 즉 누구에게나 분명하게 이해될 수 있는 보편적인 학문을 세우고자 한 것이다. 그는 『방법서설』을 출간할 때 당시의 공식적인 학문의 언어였던 '라틴어'가 아닌 프랑스어로 출간하였다. 왜냐하면 그가 서문에서 밝히고 있듯이 "부인들도 이 책을 읽을 수 있어야 한다"고 생각했기 때문이다. 다시 말해서 학문이란 것을 배우지 않아도 프랑스어를 알고 있는 모든 프랑스인이 이 책을 읽을 수 있고 이해할 수 있어야 한다는 것이었다. 이는 무릇 진리라고 하는 것은 자연적인 혹은 정상적인 인간의 이성에 있어서 분명하게 이해될 수 있는 것이어야 하며, 또한 이러한 자연적인 이성이야말로 진리를 추구하는 최고의 도구이며 권위라고 본 것이다. 그는 『철학의 원리들』의 서문에서도 같은 말을 반복하고 있다.

지금까지 철학이라고 말해진 모든 것을 가장 적게 배운 사람들이, 오히려 참된 철학을 배울 수 있는 능력을 가장 많이 가지고 있는 사람들이다.

우리는 이러한 데카르트의 말에서 '소크라테스의 무지의 지'를 떠올려 볼 수 있다. 사람들이 진리를 깨닫지 못하는 이유는 무지 그 자체 때문이 아니라 무지하면서도 많이 알고 있다고 착각하고 있기 때문이라는 것, 그리하여 오직 소크라테스만이 자신이 '무지하다'는 사실을 알고 있었기에 가장 현명한 사람이라 불릴 수 있다는 것이다. 그리하여 소크라테스는 사람들에게 진리(지혜)를 깨달을 수 있도록 '산파술'을 사

잠깐!!!

산파술이란 소크라테스의 대화법을 말하는데요. 산파가 산모
의 출산을 돕듯 대화를 통하여 각자의 지식을 상기해 내도록
유도하는 방법으로, "너 자신을 알라"와 같은 반어법은 적극적
인 산파술의 하나입니다.

용한다. 즉 사람들이 스스로 자신 속에서 진리를 깨달을 수
있을 때까지 계속 질문을 던지면서 도와주었던 것이다.

여기서 진리에 나아갈 수 있는 무기는 인간이라면 누구
나 지니고 있는 '사유하는 그의 자연적인 이성'이다. 데카르
트 역시 당시 지성인이라는 사람들이 너무나 많은 편견이나
속견을 가지고 있으며, 이러한 편견이나 속견을 벗어나 순수
하게 자신에게 주어진 자연적인 이성의 원칙과 사유들을 따
라 그 자체로 분명한 개념들이나 사실들에 의거하여 진리를
추구해야 한다고 믿었다. 그리고 그 스스로 이러한 원칙하에
보편적인 학문을 정초하고자 노력한 것이다.

따라서 프랑스 철학사 전반을 관통하는 가장 분명한 프랑스 철학의 한 전통인 '명료함'의 기원이 데카르트에게 있다는 말은 결코 지나치지 않다. 데카르트는 학문의 보편적인 방법을 '더 이상 의심할 수 없는 그 자체로 명석 판명한 진리로부터 출발하는 것'이라고 보았고, 이러한 진리를 토대로 모든 학문의 진리를 추구해야 한다고 생각하였다. 바로 이러한 출발점을 찾기 위해서 그는 의심할 수 있는 모든 것을 의심해 보았고, 더 이상 의심할 수 없는 명석 판명한 진리로서 '사유하는(의심하고 있는) 정신의 존재'와 '기하학적인 기본 법칙들'이라는 두 가지 진리의 기준을 발견한 것이다.

인간의 정신에 있어서 그 자체로 명석 판명한 원리들을 발견하고, 모든 학문적 활동에 바탕이 되는 보편적인 규칙들을 정립하며, '학문의 통일성'을 꾀하였던 이러한 사유는 당시로서는 데카르트와 같은 천재가 아니었다면 감히 누구도 꿈꾸지 못했던 '세기적인 계획'이 아닐 수 없었다. 이를 위해서 그는 그의 저서들에서 다양하게 정신의 원칙과 규칙들을 제시하고 있다. 『방법서설』에서 제시하는 논리학과 도덕을 위한 규칙들을 살펴보자.

『방법서설』에 제시하는 '도덕'을 위한 네 가지 격률

제1격률	가장 분별 있는 사람들이 보편적으로 실생활에 받아들이고 있는 가장 온건한, 극단으로부터 동떨어진 의견을 좇아 자기를 이끈다.
제2격률	나의 행동에 있어서 되도록 확고하고 단호한 태도를 취하며, 한번 결심한 후에는 한결같은 태도로 그것을 계속 따른다.
제3격률	운명에 승리하기보다는 자기 자신에게 승리하도록 힘쓰고, 세계의 질서를 바꾸기보다는 자신의 욕망을 바꾸는 데 힘쓴다.
제4격률	나 자신의 전 생애를 나 자신의 이성을 개발하는 데 사용하고, 스스로 부과한 방법으로 진리의 인식에 있어 할 수 있는 한 전진하는 일이다.

『방법서설』에 제시하는 '논리학'을 위한 네 가지 규칙

제1규칙	내가 명증적으로 '진실'이라고 인정하는 것 이외에는 어떠한 것도 진실로 받아들이지 않는다.
제2규칙	다루고 있는 문제를 잘 해결하기 위해 가급적 가장 적은 부분으로 나눈다.
제3규칙	가장 단순하고 가장 인식하기 쉬운 것부터, 단계를 밟아서 가장 복잡한 것의 인식에로 나아간다.
제4규칙	어떠한 것도 빠뜨리지 않았다고 생각될 만큼 전체를 훑어본다.

물론 데카르트는 이 외에도 『형이상학적 성찰』이나 『정신 활동을 위한 원칙들』에서 다양한 원칙과 규칙을 제시하고 있다. 이러한 원칙과 규칙은 최소한 데카르트의 사유에서는 진리를 추구하는 모든 학문과 모든 사람을 위해 공통으로 적용될 수 있다. 하지만 누군가가 데카르트가 마침내 '보편적인 학문'을 형성하였느냐고 묻는다면 "그렇다!"라고 말할 수는 없을 것이다. 그는 다만 이러한 학문을 위한 '방법론' 혹은 '원칙'을 제시하였을 뿐, 모든 학문을 아우르는 통일된 새로운 학문을 제시하지는 않았기 때문이다.

다만 우리는 이러한 방법론들 자체가 일종의 보편적 학문을 형성하기 위한 출발점이라고 볼 수는 있을 것이며, 이러한 데카르트의 노력에 대해서 무한한 경의를 표할 수 있다. 그것은 근대의 빛이라고 할 수 있는 인간의 이성적이고 상식적인 사유에 대한 무한한 신뢰를 보여 주었기 때문이다.

이는 사유할 수 있는 인간이라면 누구나 자기 자신의 사유의 힘을 통해서 진리와 올바름을 발견할 수 있다는 '인간성에 대한 무한한 신뢰'를 보여 준 것이다. 비록 모든 학문을 관통할 수 있는 '보편적인 학문'이라는 것이 환상에 지나지 않는 것이라 할지라도, 모든 학문에 적용될 수 있는 진리를 추구하기 위하여 보편적인 방법론을 정립한 것은 학문들 간의 소통과 대화라는 측면에서 그 무엇과도 비교할 수 없는 소중한 업적임이 분명하다. 그렇기 때문에 오늘날 여전히 데카르트가 제시한 그 방법론들은 모든 학문의 영역에서 참조될 수 있고, 인생을 참되고 가치 있게 살고자 하는 사람들에게 유용한 사유의 길잡이가 될 수도 있을 것이다.

아마도 "인간은 어떤 경우에도 수단이 되어서는 안 되며, 그 자체를 목적으로 고려하여야 한다"라는 칸트의 명제가 의미를 갖기 위해서도 데카르트의 "나는 사유한다, 고로 나는 존재한다"라는 명제가 선행되어야 할 것이다. 왜냐하면 인간이 무엇보다 소중하며 그렇기에 인간의 모든 활동이 궁극적으로 '인간'을 위한 것이어야 한다는 말이 의미를 갖기 위해서는, 궁극적인 목적으로 고려되는 이 사람이 '사람다운 사람'이자 '인간다운 인간'이어야 하기 때문이다. 만일 그렇지 않다면, 우리가 경멸하는 '적폐 인간'이나 '악덕 기업인' 또는 '갑질 교사' 나아가 '독재자'나 '연쇄 살인마'까지도 모두 그 자체를 목적으로 고려해야 한다는 모순에 빠질 것이다. 데카르트는 우리가 경멸하는 이러한 사람들의 근본적인 오류는 '제대로 사유하지 않는 삶'을 산 데 있다고 할 것이다. 무엇이 옳고 그른지, 무엇이 진리인지를 질문하면서 자신의 정신 앞에 명석 판명하게 참이라고 생각되는 것만을 진실로 받아들이고 살아갈 수 있다면 인간은 결코 '오류'를 범하거나 '갑질'이나 '비리' 따위를 행하지는 않을 것이기 때문이다.

2장

합리주의적 정신과
주체성에 대한 자각

잭 피니의 소설 『바디 스내처』를 원작으로 한 영화 〈인베이젼〉은 외계 생명체가 인간의 정신과 신체를 강탈한다는 내용의 SF스릴러이다. 영화는 '하나 된 우리'라는 기치 아래 사람들로 하여금 생각하지 못하게 하고, 소통하지 못하게 하며, 개성을 말살하고자 하는 '거대 권력'이 낳을 끔찍한 세상에 대한 경고를 말하고 있다.

이 영화에서 특이한 것은 외계 미생물에 감염된 사람은 잠들면 안 된다는 점이다. 잠들게 되면 잠든 동안에 자신의 존재가 완전히 외계 생명체에게 강탈당하게 되기 때문이다. 이러한 설정은 일종의 상징적이고 비유적인 설정이다. 만일 사람들의 정신이 잠들게 된다면, 즉 스스로 생각하고, 스스로 판단하고, 스스로 선택하는 능력을 상실하게 된다면, 결국 우리의 자아는 사회구조나 사회체제 혹은 거대 권력이 요구하는 대로 채워지고 형성될 것이다. 그렇게 된다면 더 이상 '나의 개성'이나 '나의 자아'는 없게 될 것이다.

나를 나답게 하고, 나의 개성과 나의 자아를 형성한다는 것은 무엇을 말하는 것이며, 이는 어떻게 가능한 것인가? '코기토 에르고 숨'이란 데카르트의 진지한 명제는 바로 이러한 질문에 답하고자 하는 것이다.

◯ '팩트 체크'만 잘하면 진실을 알 수 있을까?

데카르트는 합리주의의 아버지라고 불린다. 그런데 합리주의란 무엇을 말하는가? 합리주의란 경험주의에 대립하는 말이다. 경험주의가 진리를 추구하는 데 있어서 인간의 오감에 기초한 경험을 그 주된 방법론으로 취하는 정신을 말한다면, 반대로 합리주의란 인간 이성의 추론에 기초한 사유를 그 주된 방법론으로 취하는 정신을 말한다. 일반적으로 경험주의는 주로 과학적 방법론인 귀납법을, 그리고 합리주의는 주로 인문학적인 방법론인 연역법을 논증의 방법론으로 취하고 있다. 귀납법이 다양한 개별적 사실로부터 일반적인 하나의

명제나 법칙을 산출한다고 한다면, 연역법은 분명한 하나의
명제나 원리로부터 다양한 개별적인 사실을 이끌어 낸다.

'귀납법'과 '연역법'의 구분

귀납법	연역법
다양한 개별적 사실을 근거로 하여 일반적인(보편적인) 명제나 원리를 산출하는 방법으로, 주로 과학적 탐구방식에 사용되는 방법이다. 다양한 새로운 원리나 명제들을 산출할 수 있으나, 경험의 불확실성을 완전히 극복할 수가 없으며, 산출된 일반적인 진리는 항상 개연적으로만 참이다.	분명한 하나의 보편적인 원리 혹은 사실을 다양한 개별적 사실들에 적용하여 진리를 추론하는 방법으로, 주로 인문학적인 탐구방식에 사용된다. 분명한 하나의 사실(원리)로부터 논리적인 추론을 통해서 필연적으로 참인 명제 혹은 사실을 도출하므로 그 결과는 필연적으로 참이다. 반면 항상 주어진 사실들에 적용되기에 새로운 명제나 원리들을 산출하는 데 취약하다.

예를 들어 볼까요?

"히틀러, 김일성, 진시황은 모두 독재자였다. 그들은 욕심이 많았다.
따라서 독재자란 욕심이 많은 사람이다"
라고 결론 내리는 것은 귀납법이라고 할 수 있습니다.

반면 "모든 인간은 죽는다. 진시황은 인간이다.
따라서 진시황도 언젠가 죽을 것이다"
라는 식의 삼단논법은 대표적인 연역법입니다.
아리스토텔레스가 바로 그 표본이죠.

합리주의가 인간의 오감에 의한 경험을 주된 방법으로 취하지 않는 이유는 오감에 의한 인간의 인식이 '사실' 혹은 '실재'를 인지하는 데 있어서 매우 불완전하고 믿을 수 없는 것이기 때문이다. 데카르트는 그의 저서 여러 곳에서 '감각적 인식의 불완전성'에 대하여 말하고 있는데, 외적인 대상에 대해, 그리고 도덕적 대상에 대해 말하고 있다. 가령 외적인 대상의 경우 "우리가 태양을 눈으로 볼 때 아주 작게 보이지만, 천문학적인 추리로 생각할 때 태양은 지구보다도 엄청나게 크다는 것을 알게 된다"(『형이상학적 성찰』, 제3성찰).

마찬가지로 우리는 공기 중에 무엇이 있는지를 오감으로 인지하기가 매우 어려우며, 감기가 들렸을 때는 맛도 제대로 볼 수가 없다. 또 다른 예로 우리는 경찰서나 법정에서 동일한 사건을 목격한 서로 다른 목격자들의 진술이 제각기 다르다는 점을 발견할 수 있는데, 이는 인간의 오감에 의한 경험적 사실이 매우 불확실하고 불충분하다는 것을 단적으로 증명해 주고 있다.

만일 우리가 인간의 경험이 불충분하거나 불확실한 예를 모두 열거하자면 끝이 없을 것이다. 반면 사유에 의한 추리는 —우리가 정확하게 추론하기만 한다면— 거의 매번 진실 혹은 진리를 알 수 있게 해 준다.

가령 아파트의 거실에 아침 햇살이 들어오는지에 대해서는 아침까지 기다려 확인해 보지 않아도 거실의 창문이 동쪽으로 나 있는지 서쪽으로 나 있는지를 정확히 안다면 추론을 통해 분명하게 알 수가 있지요. 또 삼각형의 두 각의 각도를 알고 있다면, 나머지 각도는 실제로 재어 보지 않아도 추론을 통해서 정확하게 알 수가 있답니다.

물론 여기서 다른 질문이 주어질 수 있다. "경험적인 사실이 오류를 범하는 경우는 그 사실을 제대로 경험하지 않았기 때문이며, 모든 부분을 가급적 정확하고 분명하게 경험하기만 한다면 오류를 범할 수가 없지 않은가?" 이러한 질문은 요즘 유행하는 '팩트 체크'를 떠올리게 한다. 대부분의 오류는 '팩트' 즉 '사실'을 왜곡하기 때문이며, 사실만 잘 확인하면 결코 오류를 범할 수가 없다는 믿음에 근거한다.

그런데 '팩트 체크'만 잘하면 진실이나 진리를 알 수 있을까요?

그렇지 않을 것입니다. 다음의 설명을 잘 들어 보세요.

하지만 사실을 분명히 확인한다는 것은 진리나 진실을 밝히기 위한 '필요조건'이지 '충분조건'은 아니다. 아무리 부분을 잘 확인하고 검토하여도 부분을 모아서 전체를 구성하는 가운데 여전히 오류가 발생할 수 있기 때문이다. 일반적으로 이를 '경험적 증거의 불확실성' 때문이라고 한다.

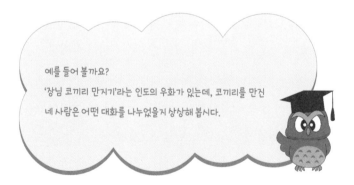

예를 들어 볼까요?

'장님 코끼리 만지기'라는 인도의 우화가 있는데, 코끼리를 만진 네 사람은 어떤 대화를 나누었을지 상상해 봅시다.

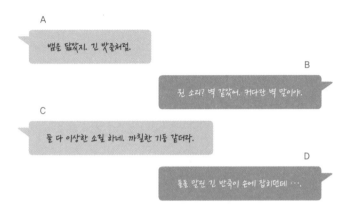

A
뱀을 닮았지. 긴 밧줄처럼.

B
뭔 소리? 벽 같았어. 커다란 벽 말이야.

C
둘 다 이상한 소릴 하네. 까칠한 기둥 같더라.

D
돌돌 말린 긴 반죽이 손에 잡히던데 ….

　여기 코끼리를 만진 네 사람의 대화를 보자. 이 중 누구도 진정한 코끼리의 모습을 묘사하지 못했다. 이들의 오류는 자신이 경험한 일부분을 전체로 생각하였다는 데에 있다. 그런데 어떤 사람은 다음과 같이 말할 것이다. "만일 여섯 명이 말하고 있는 모든 것을 종합한다면, 아니 20명 혹은 30명 정도가 만져 보고 그 모든 부분을 종합한다면 진짜 코끼리의 모습을 묘사할 수 있지 않을까?"

　그러나 그렇지 않을 것이다. 코끼리의 모든 부분을 빠짐없이 만져 볼 수도 없을 것이지만, 그럴 수 있다고 할지라도, 그리고 부분적으로 만진 것을 모두 합한다고 해도 기막힌 우연이 아니고서는 실제 코끼리의 모습을 그대로 재현하기는 사실상 불가능할 것이다. 여기서 중요한 점은 아무도 코끼리의 전체 모습을 보지 못하였다는 데에 있다. 이러한 것이 경험주의의 한계이다.

'경험주의의 한계'는 공룡의 존재에 대한 지질학자들의 주장에서 잘 드러난답니다.

공룡의 존재는 화석의 발견으로 세상에 알려지게 되었습니다. 학자들은 이 화석을 근거로 공룡에 대해 연구하기 시작했지요. 처음에 공룡은 쥐라기와 백악기에 군림하였던 것으로 알려졌지만 이후 판게아, 다시 트라이아스기에 살았던 공룡이 최초의 공룡으로 밝혀졌습니다.

공룡의 멸종에 대해서도 의견이 분분한데 소행성 충돌설, 기상이변설, 암 발생설 등 최근까지도 다양한 주장이 나오고 있답니다. 그동안의 예를 보면 앞으로도 새로운 주장이 계속 등장할 것이 예상되지 않나요?

이렇듯 공룡에 대한 과학자들의 가설은 '경험적 사실의 불확실성'을 가장 잘 보여 주는 예라고 할 수 있습니다.

따라서 합리주의의 입장에서 보자면 아무리 팩트 체크가 성실하게 되었다 할지라도 경우에 따라서는 전체의 모습이 사람에 따라 달라질 수 있다는 것이다. 즉 발생한 '사실에 대한 분명한 확인'을 공유하고 있음에도 서로 견해를 달리하는 경우도 있을 것이다. 이 경우는 가치관, 처해 있는 개별적인 상황 등이 모두 다르기 때문에 생겨난다. 그렇기에 진리나 진실이 문제가 되는 곳에서는 사실 혹은 사태를 분명하게 인지하였다고 모든 문제가 해결되지는 않는다. 즉 분명한 '팩트 체크'는 진리나 진실을 보장하는 충분한 조건이 될 수는 없으며, 다만 필요조건에 지나지 않는다는 것이다.

다시 코끼리의 우화로 돌아와 보자. 만일 장님 중 한 사람이 장님이 되기 전에 코끼리를 본 적이 있다고 한다면 사정은 달라질 것이다. 그가 자신의 머릿속에 있는 코끼리의 관념을 떠올리고 이러한 관념에 따라서 부분들을 잘 결합한다면 진짜 코끼리와 거의 비슷한 모습을 재현할 수 있을 것이다. 단순히 경험적인 사실들을 끼워 맞추기보다는 이성 속에 있는 관념에 근거하여 경험된 사실들을 질서 잡는 것이 보다 실재를 잘 이해하고 잘 재현할 수 있다는 것이다. 이것이 바로 데카르트의 생각이고 곧 합리주의 정신이다. 인간에 대한, 정의에 대한, 인격에 대한, 평화에 대한 올바른 관념을 가진다는 것은 이러한 진리를 추구하는 지름길이라는 것이 합리주의 정신이다.

데카르트의 합리주의적 정신은 단지 학문적 세계에 그치지 않는다. 그는 도덕적 행위에 대해서도 합리적인 사유에 근거하여 진리를 추구하고 있다.

그렇다면 오류는 어디서 생기는 것일까? 그것은 오로지 하나의 일로부터, 즉 의지는 이성보다도 넓은 범위에 미치는 것인 까닭에 내가 의지를 이성과 같은 한계 내에 머물게 하지 않고 내가 이해하고 있지 않은 사항에까지 미친다고 하는 이 하나의 일로부터 생기는 것이다. 이와 같은 사항에 대해 의지는 비-결정이므로 쉽게 참과 선으로부터 일탈하게 되며, 이리하여 나는 잘못하고 죄를 범하게 되는 것이다.

— 『형이상학적 성찰』, 제4성찰

데카르트의 이러한 사유는 "인간의 갈망은 무한하나 존재는 유한하다"는 토마스 아퀴나스의 명제와 맥을 같이하고 있다. 우리의 정신은 사유를 통해서 무엇이 참이고 거짓인지, 무엇이 올바르고 그른지, 무엇이 정의로운 것이며 불의한 것인지를 충분히 인지하고 있다. 즉 우리의 이성은 우리 존재의 유한함과 한계를 잘 이해하고 있다. 하지만 많은 경우 이러한 이성의 이해에도 불구하고 여러 가지 이유로 의지는 이성이 허락하는 것 이상의 것을 하고자 하고, 때로는 이성이 명백하게 금지하는 것도 실행에 옮긴다.

이렇게 하여 데카르트에게 있어서 도덕적인 오류란 곧 명백하게 이성이 옳다고 하는 것, 선하다고 하는 것에 반하는 모든 행위를 말한다. 물론 경우에 따라서는 무지에 의해서 오히려 이성의 명령을 따르는 것이 오류가 될 수도 있을 것이다. 하지만 적어도 상식적인 선에서는 모든 경우에 있어서 우리들의 분명한 이성의 명령을 따르는 것이 잘못이나 죄를 범하지 않는 유일한 방법이다. 아마도 우리는 이러한 데카르트의 사유를 스콜라철학의 '주지주의와 주의주의 논쟁'에서 명백하게 '주지주의'를 따르고 있다고 말할 수 있다.

합리주의가 인간의 정신이 지니고 있는 관념에 따라서 현상을 질서 잡는 것이라고 한다면, 경험주의는 다양하게 경험된 사실을 종합하여 하나의 관념을 산출하는 것이라고 할 수 있다. 물론 경험론자는 "현상을 질서 잡는 기준이 되는 정신 속의 관념은 도대체 어디서 왔는가? 그것은 경험을 통해 형성한 것이 아닌가?"라고 물을 수 있을 것이다. 하지만 합리주

잠깐!!!

주지주의 intellectualism란 의지나 감정보다는 지성을 중시하는 세계관으로, 세계의 본원을 이루는 것이 지적인 정신활동이라고 보는 견해를 말합니다. 특히 도덕적인 올바름이나 선한 행위가 문제가 될 때, 지성적인 올바른 인식이 의지보다 우선하거나 결정적으로 영향을 미친다는 것을 주장하지요.

반면, 주의주의 voluntarism란 존재의 근본 원리와 실체를 지성이 아닌 의지로 간주하며, 의지가 정신생활을 주도하고 있다고 보는 관점입니다. 특히 '선의 실천'과 관련하여 '지성적인 앎'보다는 '선에 대한 의지'를 중시하지요.

의자는 또한 "만일 정신 속에 최소한의 관념이라는 것이 없다고 한다면, 애초에 무엇을 근거로 관념을 형성할 수 있는가?"라고 되물을 것이다. 즉 "애초에 색깔이라는 관념이 없다면, 어떤 색을 보면서 붉은색이나 노란색에 대한 관념을 산출할 수 있는가?"를 물을 수 있는 것이다.

이는 결국 닭이 먼저인가 달걀이 먼저인가? 하는 질문이 된다. 합리주의자는 닭이 먼저라고 할 것이고, 경험론자라면 달걀이 먼저라고 할 것이다. 따라서 데카르트는 당연히 닭이 먼저라고 할 것이다. 그렇다면 데카르트는 무슨 근거로 그렇게 말하는 것일까? 여기서 데카르트의 '**본유관념**'이란 유명한 개념이 등장한다.

본유관념idée innée이란 '생득관념' 혹은 '선천적인 관념'이라고도 할 수 있으며, 경험에 의해 후천적으로 습득된 관념이 아니라 탄생과 더불어 인간의 본성 안에 기입된 관념입니다.

데카르트는 그 자체로 명석 판명하고 경험에 의해 왜곡되지 않은 확실한 관념이 최소한 몇 개는 있을 수 있으며, 이러한 기본적인 관념으로부터 연역을 통해 여타의 진리를 도출할 수 있다고 믿었다. 구체적으로 '사유하는 나에 대한 관념', '완전한 존재로서의 신의 관념' 그리고 덧셈과 뺄셈 같은 몇 가지 '수학적인 공식들에 대한 관념'은 전혀 경험에 의존하지 않고서도 순수하게 사유의 힘만으로 알 수 있는 명석 판명한 관념들이다.

물론 흄과 같은 경험론자는 이러한 데카르트의 본유관념이 허구라고 비판할 것이다. 그들은 "세 살 먹은 어린이에게 어떤 관념들을 알고 있는지 물어보라! 그러면 그들이 아무런 생득관념도 지니고 있지 않음을 알 수 있을 것이다"라고 반박할 것이다. 하지만 데카르트의 '본유관념'은 단순한 생득관념, 즉 태어날 때 이미 모두 알고 있는 관념들이라기보다는 마치 소크라테스의 '망각된 기억'처럼 인간에게 가능성으로 주어진 것이며, 경험에 의존하지 않고도 사유의 노력만으로 알 수 있는 그러한 관념이다.

그는 "본유관념들은 우리들의 사유의 능력 그 자체로부터 기인된다"라고 말하고 있다. 이러한 관점에서 본유관념은 칸트의 '선험적인 관념', 즉 탄생 시에 이미 주어진 것이라기보다는 경험하지 않아도 이미 알고 있는 관념에 더욱 가까운 것이라 할 수 있다.

잠깐!!!

생득관념 혹은 본유관념이란?

소크라테스(플라톤)의 상기설	칸트의 선험적인 관념	데카르트의 본유관념
인간의 영혼은 이 세상에 탄생하기 이전에 이데아의 세계에서 모든 진리를 알고 있었지만, 현세로 건너오는 과정에서 그것을 모두 망각하고 말았으며, 진리를 안다는 것은 현세 안에서 진리와 유사한 것을 보면서 잊어버렸던 진리를 상기(회상)함.	인간의 지성이 진리를 이미 알고 있는 것이 아니라, —특히 윤리와 도덕의 분야에서— 경험해 보지 않고서도 상황을 맞닥뜨리면 그것이 선인지 악인지, 참된 것인지 오류인지를 알게 됨.	경험과 무관하게 사유를 통해서만 어떤 진리를 알 수 있음.

사실 본유관념에 대한 긍정과 부정은 최종적으로 증명 가능한 문제가 아닐 것이다. 이는 옳고 그름의 문제가 아니라 관점의 문제이기 때문이다. 다만 데카르트의 입장에서는 의심할 수 없는 확실한 진리를 추구하기 위해서 최초의 몇 가지 확실한 관념이 그 조건처럼 주어져야 하기 때문에 본유관념을 인정하지 않을 수 없는 것이다.

요약하면 데카르트에게 있어서 인식론적 탐구의 출발점은 세계에 대한 경험이 아니라 본유관념을 통한 즉각적인 확실성 즉 '직관'이었다. 그는 이를 근거로 하여 (경험된 사태들에 대한) 연역적인 사유를 통해 나머지 모든 것에 대한 앎으로 지식을 넓혀 갔다. 이러한 그의 학문적 방법론이 곧 합리주의 정신이다.

○ 인간 존엄성의 지반, "코기토 에르고 숨"

그런데 데카르트는 어떻게 본유관념을 긍정하는가? 데카르트는 인간이 가진 관념을 외래관념, 허구관념 그리고 본유관념으로 구분한다. 외래관념은 경험을 통해서 외부에서 비롯한 것이고, 허구관념은 상상이나 망상에 의해서 형성된 것이며, 본유관념은 인간의 본성 안에 경험 이전에 주어진 관념이다.

데카르트가 본유관념을 증명하는 대표적인 예는 '신의 존재 증명'인데, 그는 인간이 가진 '완전한 존재로서의 신' 개념은 결코 인간이 조작해 낸 개념이 아니라고 생각하고 있다. 그 근거는 충족이유율과 본체론적(존재론적) 증명인데, 충족이유율에 관한 그의 설명은 다음과 같다.

그런데 지금 작용적·전체적인 원인 중에는 적어도 이 원인의 결과 속에 있는 것과 동등의 것이 있어야만 한다는 것은 자연의 빛에 의해 명백하다. 왜냐하면 결과는 그 원인으로부터가 아니면 어디에서도 자신의 실재성을 끌어낼 수가 없기 때문이며, 또한 원인은 스스로가 실재성을 갖는 것이 아니라면 결코 그것을 결과에게 줄 수가 없기 때문이다. 이리하여 무로부터는 어떠한 것도 생겨날 수도 없을뿐더러, 보다 완전한 것은 보다 불완전한 것으로부터는 생겨날 수가 없다고 하는 결론을 얻을 수 있다.

— 『형이상학적 성찰』, 제3성찰

이러한 원리로부터 우선 그는 모든 관념에는 그 원인이 있다고 보고 신의 관념에 대한 원인이 무엇인지를 추적한다. (분명히 알 수 없어서) 의심할 수밖에 없는 인간이라는 사태로부터 인간이란 불완전한 존재라는 개념을 가지게 되는데, 이 불완전한 것에 대한 개념을 가지기 위해서는 이와 대립하는 '완전함'이라는 개념을 가져야만 한다.

그런데 완전함에 대한 개념이란 불완전한 존재인 인간으로부터 파생될 수가 없다. 왜냐하면 데카르트의 충족이유율에 의거하면 완전한 것에서는 완전한 것과 불완전한 것이 모두 나올 수 있지만, 불완전한 것으로부터 완전한 것이 나올 수는 없기 때문이다. 즉 완전한 존재라는 개념은 불완전한 인간이 구성할 수 없으며 곧 완전한 존재로서의 신에게서만 발생할 수 있는 것이다.

다른 하나의 근거는 중세철학자 안셀무스의 논증을 그대로 따른 것인데, '완전한 것'이라는 개념 안에 이미 '실제로

잠깐!!!

충족이유율이란 어떤 판단에서 그것을 성립시키기 위해 충분한 이유가 있어야 함을 요구하는 법칙입니다.

예를 들어 볼까요? 어느 재벌이 전혀 연고가 없는 소년에게 거액의 유산을 남기고 죽었다고 하면, 사람들은 그 이유를 궁금해할 것입니다. 죽은 재벌이 종종 가난한 이들을 위해 기부를 했다거나 소년이 매우 성실하고 선했다는 등의 이유는 충분치 못합니다. 왜냐하면 그런 이유가 "소년에게 거액의 유산을 남겼다"는 결과를 낳을 만큼 크지 않기 때문입니다. 그런데 만약 소년이 재벌의 자식이었다는 사실이 밝혀진다면 어떨까요? 그 것은 충분한 이유가 될 수 있습니다. '자식'이라는 원인은 '거액'이라는 결과보다 더 큰 것일 수 있기 때문입니다.

존재하는 것'이란 개념이 포함되어 있다는 말이다. 가령 '가장 완전한 집'이라는 개념에 대해 생각해 보자. 그 집이 아무리 멋진 집이라고 해도 만일 실재가 아닌, 상상 속에만 존재한다면 그것은 실제로 존재하는 동일한 집보다 덜 완전한 것이다. 즉 우리가 완전한 자의 개념을 가질 수가 있다면, 이러한 존재는 반드시 실제로 존재해야 하는 것이다. 현대인들은 '가상공간'이라는 것을 현실보다 더 나은 어떤 것으로 생각하는 경향이 있다. 하지만 데카르트는 가상공간의 어떤 것이 아무리 탁월하다고 해도 그것이 '실제로 존재하는 것'이 아니기 때문에 현실의 것보다는 완전하지 않은 것이라고 할 것이다.

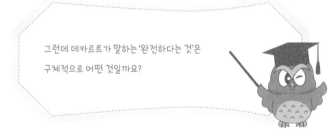

그런데 데카르트가 말하는 '완전하다는 것'은 구체적으로 어떤 것일까요?

데카르트는 완전성에 대해서 다음과 같이 말하고 있다.

나의 인식이 점차 증대되어 간다는 것과, 그럼에도 불구하고 아직 현실적으로는 되어 있지 않은 많은 것이 가능적으로는 나의 속에 있다 함은 진실이지만, 그러나 이와 같은 일은 신의 관념에는 전혀 합당하지 않은 것이다. 신의 관념 중에서 단지 가능적이라는 것은 전혀 찾아볼 수 없기 때문이다. 애당초 점차 증대되어 간다는 일 자체가 불완전성의 가장 확실한 증거인 것이다.

— 『형이상학적 성찰』, 제3성찰

즉 데카르트에게 있어서 완전함이란 어떤 하나의 존재가 자신이 가진 모든 가능성을 실현한 상태를 말한다. 아직 어떤 가능성을 가진 존재는 모두 불완전한 존재인 것이다. 즉 세계는 아직 가능성을 가지고 있는 것이기에 불완전한 세계인 것이며, 세계 속의 모든 존재들도 마찬가지로 불완전한 것이다. 따라서 데카르트는 전형적인 '서구적 진보사관'을 가지고 있다고 말할 수 있다. 왜냐하면 그에게는 모든 존재가 곧 가능성의 실현을 지향하며, 이러한 지향이 곧 완전함을 지향하는 것이기 때문이다. 불완전한 것에서 완전한 것으로 나아가는 것, 이것을 사람들은 '진보'라고 부른다.

반면 신은 그 자체로 완전한 자로서 이러한 '진보'의 개념을 벗어나 있는 존재이다. 즉 우리가 생각할 수 있는 모든 가능한 현실이 신에게는 실제로 현실인 것이다. 우리가 완전한 존재가 아니기에 '완전한 존재'라는 신에 대한 관념은 우리가 조작해 낼 수 있는 것이 아니다. 이런 관념은 오직 완전한 존재인 신 그 자체로부터 우리에게 주어진 것이다. 우리는 "신은 인간이 자신을 찾도록, 인간에게 자신에 대한 관념(본유관념)을 심어 놓았다"고 하는 신비주의적인 관점이 데카르트에게 적절한 사유라고 볼 수 있을 것이다.

물론 이러한 데카르트의 합리적인 증명은 아무리 철저하다고 해도 경험론자의 입장에서 보자면 충분한 논증이라고 말하기 어려울 것이다. 그럼에도 우리는 이러한 데카르트의 사유를 완전히 허구라고 비판할 수는 없다. 왜냐하면 본유관념이라는 것은 경험적으로 충분히 그 근거들을 발견할 수 있기 때문이다. 가령 음악의 천재들은 예외 없이 '절대음감'이라는 것을 선천적으로 가지고 있으며, 대다수의 동물들도 본능적으로 어떤 것을 감지하는 특별한 능력을 선천적으로 타고난다. 이런 능력들이 경험 이전에 주어진 것이며 어떤 특수한 현상을 포착하고 이해하는 능력이라는 한에서 어떤 것에 대한 본유관념이라고 말할 수 있다.

아주 어린 시절부터 늑대와 살게 되면 인간도 완전히 늑대처럼 되어 버릴까? 아니면 최소한 몇 가지 인간적인 특징들, 가령 '선한 것과 악한 것', '정당한 것과 부당한 것', '예쁜 것과 추한 것' 등을 본능적으로 알고 있는 것일까? 이러한 것에 대한 답변은 결국 증명할 수 있는 것이 아니라, "인간을 어떠한 존재로 보는가?" 하는 관점의 문제와 맞닿아 있다. 만일 이에 대한 답변이 '참'과 '거짓'의 문제가 아니라 관점의 문제이며, 따라서 어차피 답변의 가능성이 50%라고 한다면, 우리는 이를 효용성의 문제로 생각할 수밖에 없을 것이다.

효용성의 문제인 한 인간이 본유관념을 가지고 있다는 사실은 인간의 존엄성과 관련하여 매우 유용한 관점일 수 있다. 왜냐하면 그 사실은 어떤 사람의 건강이나 외모, 기술적 능력이나 학력, 나아가 그의 직업이나 사회적 위치 등 세상이 가치 있다고 판단하는 모든 것이 박탈되었을 경우에도 그가 인간으로서 여전히 존엄하다는 것의 근거가 될 수 있기 때문이다.

여기서 또 다른 질문이 주어질 수 있습니다. 본유관념을 가지고 있다고 생각하는 인간의 정신 그 자체가 어쩌면 허구이지 않을까요? 이 모든 것을 생각하는 인간의 정신이 사실은 실재하는 것이 아니라 인간이 만들어 낸 '허상'일 수는 없는 것일까요?

　"인간의 정신은 인간이 만들어 낸 허상이다?" 상식적인 선에서는 이러한 질문이 도무지 말도 되지 않는 것 같지만, 이러한 질문을 하는 형이상학자들도 분명히 있다. 가령 니체나 하이데거 그리고 마르크스나 불교철학자는 이러한 질문을 가장 우선적으로 던지고 있다. 이들이 이러한 질문을 하는 이유나 목적은 조금씩 다르겠지만, 한 가지 공통점이 있다면, 이들은 '자아'라는 것을 인정하지 않거나 최소한 자아란 '왜곡된 무엇'으로 간주한다는 점이다. 즉 인간이 특정한 목적으로 '자기'라는 존재를 만들어 내었고, 그래서 니체는 '니힐리즘'을, 하이데거는 '무와 존재'를 그리고 불교는 '무아無我'를 말하고 있다.

하지만 정말 그런 것일까? 세계를 바라보고, 선악을 판단하고, 과거를 후회하고 미래를 걱정하며 사랑하는 이를 그리워하는 '사유하는 나'의 존재가 다만 어떤 특정한 목적으로 내가 만들어 낸 '허상'이라고 말할 수 있을까? 물론 그렇게 생각할 수도 있고 하지 않을 수도 있다. 하지만 그렇다면 근거를 가지고 납득 가능한 이유를 설명해야 할 것이다. 왜냐하면 이는 너무나 중요한 일이어서 ―어쩌면 전 세계의 존망만큼이나 중요한 일이어서― 무작정 마음이 끌리는 대로 따를 수 없는 문제이기 때문이다.

저 유명한 데카르트의 명제 "코기토 에르고 숨cogito ergo

나는 사유한다, 고로 나는 존재한다. 만일 내가 사유하지 않는다면, 나는 존재하지 않을 것이다.

― 『형이상학적 성찰』, 제2성찰

sum" 즉 "나는 사유한다, 고로 나는 존재한다"는 데카르트가 '인간의 정신에게 가장 먼저 분명한 것은 무엇일까'를 생각한 끝에 발견한 진리이다. 왜냐하면 인간이 사유하는 모든 것이 허상이고, 자신이 가진 모든 관념이 사실은 속임수에 의해 산출한 거짓관념이라고 해도 결국 속임을 당하고, 오류를 범하고 있는 대상이 있을 때에만, 속임수나 오류라는 것이 의미가 있기 때문이다. 바로 이렇게 진리를 추구하거나 오류를 범하는 주체가 곧 '사유하는 정신'인 것이다. 만일 정신이 존재하지 않는다면, 애초에 허상이니 오류니 하는 말 자체가 존재하지 않았을 것이기 때문이다.

데카르트의 이러한 논증은 사실상 비-물질적인 정신의 존재에 대한 긍정이지만, 이는 다른 논박을 야기할 수도 있다. 그것은 사유하는 것이 육체적인 것과는 다른 비-질료적인 어떤 실재가 아니라, 사실은 정교한 질료적 작용의 결과물이고, 생각한다는 것은 신경의 다발이나 뇌의 전자파 등으로 설명이 가능하며, 따라서 물리적인 실재와 구분되는 비-물질적인 정신이라는 것을 가정할 필요가 없다는 주장이다. 이러한 주장은 사실상 유물론적인 관점을 따르며, 현대의 첨 아무리 작은 물체에 대해서도 그 반을 생각할 수 있지만, 정신에 관해서는 그 반을 생각할 수가 없다. 따라서 양자의 본성은 단지 다를 뿐 아니라 대립되어 있기까지 하다고 인정하지 않을 수 없다.

— 『형이상학적 성찰』, 제3성찰

단과학에서 펼치는 주장이기도 하다. 사유라는 것도 사실은 물질(원자나 분자)의 작용에 지나지 않는다고 한다면, 굳이 육체와 구분되는 비-물질적인 정신이라는 것을 가정할 필요가 없는 것이다.

그래서 데카르트는 육체적인 실재와 구분되는 정신의 존재에 대해서 사유하기 시작한다. 그리고 그는 정신이란 분명 육체와는 다른 비-질료적인 실재라는 생각에 이르게 된다.

이러한 논의는 결국 질료라는 것은 부피와 질과 양 등을 가지고 있어서 쪼갤 수도 있고, 부분으로 나눌 수도 있지만,

정신이란 본질적으로 그럴 수 없기 때문에 질료적인 속성과는 완전히 다른 것으로 보는 것이다. 데카르트는 질료적인 것(물질적인 것)의 가장 분명한 속성을 '연장延長'으로, 정신적인 것의 가장 분명한 속성을 '생각하는 것'으로 규정한 뒤 인간이란 이 두 가지의 실체를 가지고 있는 존재라고 보았다. 이렇게 해서 데카르트의 유명한 '심신이원론'이라는 개념이 정립된다.

아마도 철학사에서 데카르트를 비판하였던 사람들에게 가장 큰 빌미를 제공한 것이 이 '심신이원론'이라고 해도 과언이

스콜라철학자들마저 "먼저 감각에 존재하지 않았던 것은 이성 속에도 존재하지 않는다"고 하는 것을 격률로서 택하고 있는 것이다. 그러나 신의 관념과 정신의 관념이 감각 속에 먼저 존재하고 있지 않았다는 것은 확실하다.

— 『방법서설』, 1부

아닐 것이다. 가령 니체는 정신을 몸이라는 개념에 복속시키면서, 그리고 마르크스는 "내가 먹는 것, 그것이 곧 나다"라는 말로 데카르트를 비판하고 있다.

반면 "연장에 있어서 인간이란 우주의 먼지에 불과하지만, 사유를 통해서 인간은 우주를 정신 속에 담을 수 있다"는 유명한 파스칼의 말은 데카르트의 심신이원론을 가장 잘 변호해 주는 말이기도 하다.

'유신론적인 사유'와 '주지주의' 그리고 '육체와 정신의 이원적 사유' 등 데카르트의 사유는 아리스토텔레스와 중세 스콜라철학과 맥을 같이하고 있다고 볼 수 있다. 반면 그가 분명하게 중세의 스콜라적 사유를 넘어서고 있는 점은 본유관념에 관한 생각이다.

데카르트의 본유관념에 대한 사유는 오히려 플라톤의 '상기설'을 연상케 한다.

만일 플라톤이 오늘날 다시 등장한다면 그는 "본유관념이란 다만 신과 정신에 대한 것뿐만 아니라, 인간이 바라 마지않은 모든 좋은 것들, 이상적인 것들에 대한 관념으로서 주어져 있다. 다만 인간은 그것을 망각하고 있을 뿐이다"라고

잠깐!!!

플라톤의 상기설은 진리에 대한 인식이란 영혼이 신체와 결합하기 이전에 영혼이 이미 알고 있었던 이데아에 대한 앎을 '상기하는 것'이라는 주장입니다. 만일 여러분이 '진정한 사랑'에 대해 대화를 하다가 "아, 그렇지!"라고 깨닫는 순간이 온다면, 이 깨달음은 스스로 아는 것 즉 내면에서 솟아난 것입니다. 그렇다면 그것은 나의 내면 어디에 있다가 솟아난 것일까요? 이 깨달음의 과정을 플라톤은 '잊고 있었던 것을 다시 기억해 냄', 즉 상기로 보았습니다. 이 견해를 '상기설'이라 부른다는 점은 앞에서 확인하였죠?

말할 것이다. 왜냐하면 정의나 자유, 평등과 인격, 선과 미 등과 같은 모든 관념이 사실은 이 세상에 탄생하기 전에 이미 저세상(이데아의 세계, 하데스)에서 모두 알고 있었던 것들이기 때문이며, 소크라테스의 '산파술'은 바로 이러한 본유관념을 상기시키기 위한 방법론이었기 때문이다. 물론 현대인들은 이러한 플라톤의 사유를 다만 진리를 깨닫게 하기 위한

'비유'요 '우화'에 지나지 않는 것이라고 생각할 수도 있다. 하지만 "진리가 이미 내 속에 있다"라는 사실을 인간이 완전하게 부정할 수 있을지는 의문이다.

○ 사유하지 않으면 존재하지 않는다?

만일 내가 사유하지 않는다면,
나는 존재하지 않을 것이다.

— 『형이상학적 성찰』, 제2성찰

데카르트의 사유를 더 깊이 이해하기 위해서 우리는 데카르트가 진술하고 있는 '코기토의 부정명제'에 주목할 필요가 있다. 왜냐하면 이는 인간정신의 특수성을 말해 주고 있기 때문이다. "나의 정신이 있다"는 진리가 사유한다는 사태로부터 밝혀진다는 것은 충분히 납득 가능하다. 반면 "내가 사유하기를 멈춘다면 나는 존재하지 않는다"는 말은 선뜻 납득하기가 어렵다. 여기서 '존재하다'는 것의 의미를 내가 '없지 않고 있다'는 것으로 받아들인다면 이는 언어도단일 것이다. 왜냐하면 사유가 완전히 중단되어 병상에 누워 있는 '식물인간'에 대해서도 "그가 여기 있다"고 사람들은 말하기 때문이다. 따라서 여기서 '존재하다'는 다른 의미를 담고 있다. 우리는 세 가지 차원에서 그 의미를 해석해 볼 수 있을 것이다.

첫째, 단순히 '물리적으로' '있음'이 아니라, '정신적으로' 존재하고 있음의 의미로 해석할 수 있다. 정신적으로 존재한다는 것은 사유를 하면서 존재하는 것, 즉 인간으로 존재한다는 것은 곧 사유하면서 존재한다는 것을 말하는 것이다. 데카르트는 인간이란, 잘 의식하지는 못할 수도 있겠지만, 사유하기를 멈추지 않고 지속적으로 무엇인가를 사유하고 있다고 말한다. 토마스 아퀴나스도 이와 동일한 말을 하는데, 그는 "인간의식의 본질은 현실태actus(현실성)"라고 말한 바 있다. 즉 그는 비록 잠이 들어도 인간의 의식은 사라지지 않고 늘 현실태로 있다고 보았는데, 그 증거로 어젯밤 잠들기 전에 가졌던 걱정거리가 아침에 일어나자마자 곧바로 자신의 의식에 또렷하게 나타나는 사실을 들었다.

사실이 이러하다면 데카르트의 '코기토에 대한 부정명제'

의 진짜 의미는 "만일 내가 (정신적으로) 존재하고 있다면, 나는 사유를 계속하고 있는 것이다"가 될 것이다. 따라서 이는 인간존재란 곧 정신적인 존재라는 것을 강조하는 의미가 된다. 다시 말해 인간으로 존재한다는 것의 본질은 사유하는 정신적인 존재로 있다는 것임을 잊지 말라는 의미가 될 것이다.

둘째, '존재하다'라는 것의 의미가 "나 자신으로 존재한다"는 것을 의미하는 것으로 해석할 수 있다. 사유하는 정신적인 존재라는 것은 모든 인간에게 해당하는 보편적인 사실이다. 반면 "내가 나답게 존재한다"는 말은 각각의 개인에게 해당하는 진실이다. 어떤 이는 나답게 존재하고 있겠지만, 또 다른 이는 나답게 존재하지 못할 수도 있다. 그런데 나답게 존재한다는 것은 무엇을 말하는 것일까? 그것은 '내가 누구인가?'라는 나의 정체성 혹은 동일성에 적합하게 내가 살고 있다는 것을 의미한다.

가령 시인은 시를 쓰면서 가장 큰 기쁨과 행복을 느낀다. 반면 어떤 이유로 시인이 시 쓰기에 관심을 가질 수 없고, 늘 다른 것을 걱정하고 다른 일로 분주하다면 그는 '기쁨이나 행복'을 느낄 수가 없을 것이고 "나답게 살고 있다"고 말할 수가 없을 것이다. 키르케고르는 "인간이 가질 수 있는 가장 완전한 기쁨은 오직 나 자신으로 존재하고 있다는 그 사실에 있다"라고 말한 적이 있다. 따라서 "나는 존재한다"는 진술이 말하고 있는 것은 내가 나답게 살고 있음을, 즉 뜻깊은 삶, 기쁘고 행복한 삶을 살고 있음을 의미하는 것이 된다.

따라서 "만일 내가 사유하지 않는다면, 나는 존재하지 않을 것이다"라는 말의 의미는 "만일 내가 전혀 사유하지 않는다면, 나는 나답게 살 수가 없을 것, 혹은 '나의 존재'로서 존재하지는 못할 것"이라는 의미가 되는 것입니다. 우리는 여기서 이미 실존주의의 싹을 볼 수 있습니다.

셋째, 내가 나답게 산다는 의미는 단지 사회적 혹은 문화적인 나의 동일성에 적합한 삶을 산다는 의미가 아니라, 세상에서 하나밖에 없는 나의 존재를 창조한다는 의미를 담고 있다. 프랑스의 종교철학자 앙리 뒤메리는 "인간은 누구나 정신을 가졌다는 이유만으로 때가 되면 자기 세계를 가지게 된다"라고 말했다. 즉 인간의 사유는 다만 어떤 대상을 사유하는 것이 아니라, 내 안에 있는 다양한 이미지나 기억들 그리고 관념들과 앎들을 다시 사유하면서 곰곰이 되새기게 된다. 이것이 '성찰méditation' 혹은 '반성réflexion'의 의미이다.

이러한 성찰을 통해서 인간은 자신만의 세계관과 자신만의 가치관 나아가 자신의 역사를 창조하게 된다. 단순히 과거의 파편들을 하나로 모으는 것이 아니라, 여기에 의미를 부여하고 가치를 발견하면서 세계를 어떻게 볼 것인지, 인생의 의미를 어떻게 규정할 것인지, 나아가 자신의 존재의 의미까지도 창조하게 되는 것이다. 이렇게 한 인간이 자기 속에 자신만의 세계를 창조한다는 것은 오직 사유하는 정신을 가지고 있기 때문이며, 이것이 정신을 가지고 탄생한 모든 인간의 의무이자 권리인 것이다.

이렇게 인간은 인생이라는 긴 여정을 통해서 '자기만의 세계'를 창조한다. 이는 마치 인생의 황혼기에 소설가가 쓴 자서전처럼 말로 표현할 수 없는 가치, 일종의 절대적인 가치, 세상에 하나밖에 없는 가치를 창조하는 것과 같다. 이렇게 각자가 지니고 있는 이 자기 세계는 마치 예술가의 작품과 같아서 자신만이 이 작품의 의미나 가치를 잘 알 수 있을 뿐이다. 내가 지닌 나의 내면세계는 세상에 하나밖에 없다는 이유로 세상에서 가장 가치 있고 다른 것과 비교할 수 없는 절대적인 의미를 지니고 있다. 그리고 너의 내면세계는 나에게 이해될 수 없고, 나의 인식에 숨겨져 있다는 사실을 감안한다면, —최소한 나 자신에게는— 나의 내면세계는 이 세상에 가장 확실한 것이며, 가장 가치 있는 것임이 분명하다. 오늘날 '생애사生涯史(개인의 삶을 기록한 역사) 쓰기'라는 것이 일반인들에게 유행하고 있는 이유도 바로 여기에 있다.

어쩌면 불교적 정신 혹은 하이데거의 철학에 심취해 있는 사람이라면 이러한 자신의 '내면세계'를 가진다는 것은 곧 '아집'의 결과이고 존재를 망각하는 사태라고, 즉 일종의 오류라고 비판할 수도 있을 것이다. 다시 말해서 그들에게 '내면에 있는 세계'라는 관념은 현실적으로 주어져 있는 세계와는 전혀 어울리지 않는 일종의 허상과 같은 것이다. 따라서 이러한 내면세계를 가진다는 것은 곧 자기기만 혹은 자아도취라고 평가절하할 수도 있을 것이다. 아니면 더 나아가 데카르트적 자아를 '도구적 이성'과 관련지으면서 세계를 구성하고 지배하고자 하는 '전체주의적 정신'이나 이것의 시발점이 되는 것으로 비판할 수도 있을 것이다. 하지만 이러한 비판 역시 데카르트를 오해하고 있는 것이다. 데카르트는 이러한 내면세계는 일종의 내적인 관념(나의 인생에 대한 총체적인 관념)이며, 이것을 외부세계와 관련짓지 않는다면 결코 오류에 빠지는 일이 없을 것이라고 말하고 있기 때문이다.

우리는 한 예술가가 어떠한 종류의 그림을 어떻게 그리든

그런데 판단 속에서 발견될 수 있는 주요한 오류, 가장 보편적인 오류는 나의 내부에 있는 관념이 외부에 있는 무엇인가와 유사하다거나 혹은 일치되어 있다고 내가 판단하는 곳에서 성립된다. 왜냐하면 내가 관념 그 자체를 나의 의식의 어떤 양태로서만 고찰하고 다른 것에 연관시키고자 하지 않는다면 관념이 나에게 오류에 빠질 계기를 마련해 주는 일은 거의 없을 것이기 때문이다.

— 『형이상학적 성찰』, 제3성찰

지 그려진 그 그림을 '오류'라거나 '허상'이라고 말할 수 없다. 마찬가지로 한 개인이 자신의 내면에 어떠한 '자기 세계'를 가지고 살든지 그것을 오류라거나 허상이라고 말할 수 없다. 다만 자신의 내면에 있는 '세계'를 사람들이 살고 있는 외부의 세계를 대변하는 것이라거나 혹은 타인도 그와 같은 '내면세계'를 가져야 한다고 주장하는 순간에 오류를 범하게 된다. 따라서 데카르트의 자아를 '허상'이라고 비판하는 사람들은 마치 설악산을 그린 화가의 그림을 보고 "이것은 진짜 설악산의 모습이 아니다, 그러니 허상이다"라며 비판하거나, 혹은 고흐의 〈별이 빛나는 밤〉을 보면서 '고흐는 하늘이 이상하게 되어 있다고 주장하는 이상한 사람'이라고 비판하는 것과 같다.

어떤 사람은 자신의 내면에 이상적인 세계를 품고 살고, 어떤 사람은 현실적인 세계와 유사한 세계를, 또 어떤 사람은 카오스 같은 세계를 품고 살 수 있다. 하지만 그가 자신의 내면세계를 타인에게 강요하거나 세상도 그렇게 되어야 한다고 주장하지만 않는다면, 오류와는 전혀 무관한 것이다. 그의 내면세계는 오로지 그 자신의 문제요 그 자신의 몫이기 때문이다.

이러한 내면세계가 세상에서 오직 하나밖에 없는 것이라는 차원에서 그의 내면세계에 대해 정확한 가치를 평가할 수 있는 사람은 어디에도 없다. 만일 개개인이 가진 내면세계의 가치를 평가할 수 있는 존재가 있다면 그것은 곧 완전한 존재로서의 신뿐일 것이다.

내면세계를 가진 정신적인 존재로서의 데카르트의 인간관은 참으로 고무적이다. 특히 인간존엄성이 다방면으로 항상 위협받고 있는 현대사회에서는 참으로 위로를 주는 사상이다. 왜냐하면 이 사상에 따르면 세상이 가치 있다고 하는 일체의 것들 —가령 아파트, 주식, 보험, 직위, 탁월한 기술, 놀라운 학식— 이 박탈된 사람이라도 그는 이 모든 것들보다 더 가치 있는 자기 세계(내면세계)를 지니고 있기 때문이다.

어느 누구도 자기의 세계를 자신보다 더 잘 알 수는 없다. 이 사실은 내가 진지하게 인생의 문제에 대해서 고민할 때, 학교나 전공을 선택할 때, 직업이나 배우자를 선택할 때, 우정과 사랑에 대해서 고민할 때, 혹은 구원이나 종교적인 문제에 대해서 고민할 때, 이를 해결해 줄 수 있는 사람도 나 자신뿐이라는 점을 말해 준다. 벗이나 타인이란 기껏해야 자신들의 삶의 여정에 비추어 어느 정도 조언을 줄 수는 있겠지만, 내 삶의 문제를 해결할 수 있는 사람은 나의 내면세계를 가장 잘 알고 있는 나뿐이며, 또한 나의 올바르고 진지한 사유는 거의 모든 것을 해결할 수 있을 것이다. 따라서 결국 답을 구하고 선택을 하게 하는 것은 사유하는 나의 정신인 것이다. 그런데 만일 내가 사유하지 않는다면, 이런 나의 내면세계는 존재할 수가 없다.

거의 모든 경우 사람들이 반대한 일은 내가 이미 예견하고 있었던 일이거나, 아니면 나의 문제로부터는 매우 동떨어진 사항이었다. 따라서 나의 의견의 비판자로서 나는 나 자신만큼 엄격하고 공정하다고 생각되는 자와는 거의 만나지 않았던 셈이 되는 것이다.

— 『방법서설』, 6부

이처럼 데카르트는 자신보다 자신에 대해서 더 잘 알고 있는 사람이 없다는 사실을 자각하였으며, 자신의 진리를 추구할 때에도 스스로에게 있어서 엄격하고 공정하게 자기 자신의 비판자가 된 것이다. 이것이 바로 그 무엇에도 핑계를 대거나 책임을 미루지 않고 '스스로 자율적으로 행위하고 스스로 책임을 진다'는 근대적 주체성의 의미이다. 따라서 데카르트적 주체성에서 부각되는 것은 세계와 자신의 인생 앞에서 절대적으로 스스로 판단을 내리고 스스로 책임을 다한다는 일종의 '도덕적 자율성'의 의미이지, 세계를 판단하고 구성하는 입법자로서의 '도구적 이성'이 아니다.

사실상 현대에 있어서도 자기 자신을 엄격하고 공정하게 대하며, 스스로 책임을 다하는 이러한 사람을 보기가 매우 어렵다. 『이기적 유전자』라는 저서의 이름이 말해 주듯이 인간은 본성적으로(유전적 특성에 의해) 자신의 생존을 위해서 공정해지기보다는 과장하고 왜곡하고 자신에겐 유리하게, 그리고 상대방에겐 불리하게 규정하고 그러한 것을 택하기 마련이다. 즉 '승리가 곧 정의'라는 이상한 관점을 가지고 살아가는 사람들이 너무 많다. 데카르트가 자신에게 그토록 엄격하고 공정했던 것은 진리 혹은 진실을 추구하는 것이 —철학을 자신의 운명으로 선택한 자로서— 가장 소중한 가치임을 자각하였기 때문에, 그리고 그러한 삶을 자신의 소명으로 선택하였기 때문에 가능했던 것이다.

따라서 데카르트적 주체성을 '근대인의 특징'이라고 한다는 것은 소크라테스적인 정의감을 '고대인의 특징'이라고 하는 것만큼이나 과도한 일반화라고 말할 수 있다. 이러한 '주체성'은 근대인의 특징이라기보다는 모든 시대에 있어서 이러한 주체성을 자각한 사람의 고유한 개별적 특성이라고 해야 한다. 다만 이러한 정신을 가지고서 자신의 인생 자체를 고려한 사람들이 근대에 와서야 비로소 일반화되었다고 말할 수는 있을 것이다. 이렇게 성숙한 주체성을 가진 인간이란 오직 끊임없이 사유한다는 것, 나아가 이런 주체성을 가진 자야말로 세상의 그 어떤 것을 소유한 사람보다도, 최고 갑부들이나 인기 스타보다도 더 가치 있는 사람이라는 것이 바로 '코기토 에르고 숨'의 명제가 말해 주는 심오한 의미이다.

3장

과학에서 종교로, 데카르트적 신비주의

영화 〈베를린 천사의 시〉는 평범한 일상을 살아가는 인간의 삶을 동경하여 마침내 인간이 된 천사의 이야기를 담고 있다. 이 영화가 던지는 메시지는 '지금, 평범한 일상을 살아가는 인류의 숭고한 삶에 대한 찬사'라고 할 수 있다.

천사 다미엘은 시간의 흐름과 변화를 초월하여 영원히 살며 순수하게 존재하는 천사의 삶보다는 육체가 움직이는 것을 느끼고, 바람이 불어오는 것을 느끼며, 풀냄새와 꽃향기를 맡고, 커피를 마시며 담배도 피우고, 다른 사람을 사랑하면서 지금, 현재 살아 있음을 온몸으로 느끼는 그러한 인간의 삶을 동경하고 있다. 그래서 어느 날 그는 인간이 되기로 결심한다. 이러한 다미엘의 모습에 천사 카시엘은 우려를 표하며 만류하지만 다미엘은 결국 인간이 된다. 마침내 인간이 되어 이 모든 작은 일상적인 일들에서 무한한 감동과 환희를 맛보는 다미엘의 모습은 참으로 순진무구하고 숭고해 보인다.

그런데 천사 다미엘이 그토록 동경했고 환희를 느꼈던 일상에서 왜 우리는 전혀 감동을 받거나 환희를 느끼지는 못하는 것일까? 그 이유는 어디에 있을까? 우리로 하여금 다미엘이 가졌던 것과 유사한 감정과 느낌을 가지게 할 수 있는 것은 무엇일까? 어쩌면 데카르트식 신비주의가 우리들의 이러한 질문에 해답의 실마리를 제공할 수 있지 않을까?

○ 세계는 저절로 탄생하였고, 우주는 스스로 움직이는 것일까?

철학사를 살펴보면 과학의 발전이 이루어지면서 새로이 발견된 과학적 사실들을 자신의 사상에 도입하면서 많은 수난을 겪은 사상가들을 만날 수 있다. 그 대표적인 예는 르네상스 시기의 이탈리아 철학자 조르다노 브루노이다. 그는 우주의 무한성과 다양한 세계에 대한 이론 등으로 인해 '이단'으로 몰렸고, 마침내 종교재판에 회부되어 사형을 당하였다. 코페르니쿠스의 단죄 사건을 목격한 데카르트 역시 자신의 최초의 저술 출판을 포기해야만 했다. 이러한 역사 속의 일화들을 보면서 사람들은 "과거의 종교는 무지로 인하여 철학이나 과학을 박해하였다"라고 평가하곤 한다.

　이러한 평가는 틀린 것도 아니겠지만 그렇다고 완전히 옳은 것도 아니다. 이는 일종의 '일반화의 오류' 혹은 '흑백논리의 오류'라고 볼 수 있다. 왜냐하면 엄밀히 말해서 학문을 박해한 것은 특정한 종교 지도자 혹은 종교 집단이지 종교 그자체가 아니기 때문이다. 그리고 많은 경우 이러한 박해가 순수하게 사상적인 혹은 이념적인 이유에서보다는 기득권자들의 기득권을 지키기 위한 일종의 정치적인 목적에서 비롯되었다는 것은 익히 알려진 사실이다. 그리고 그 형식만 다를 뿐 이러한 일들은 고대부터 현대에 이르기까지 항상 존재하고 있는 일들이기 때문이다.

데카르트가 살았던 시기는 과학에 대한 종교 집단의 탄압이 심했던 시기였습니다. 그렇다면 이런 박해의 영향으로 원치 않은 결정을 내려야 했던 데카르트는 그 상황을 어떻게 이해하고 있었을까요?

나아가 자신이 어린 시절부터 배워 온 가톨릭의 종교적 진리들은 또 어떻게 이해하고 있었을까요?

데카르트가 근대합리론의 선구자라고 해서, 그리고 과학적 사유를 긍정하였다고 해서 막연히 그는 무신론자이거나 혹은 최소한 당시의 가톨릭 종교를 비판한 사람이라고 생각하는 것은 속단과 편견에 의한 오해이다. 그는 한번도 신의 존재를 믿지 않은 적이 없었고, 또한 가톨릭이란 종교를 떠난 적이 없었다. 그렇다면 그는 당시의 상황을 어떻게 받아들였을까?

우선 그는 자신이 가지고 있었던 세계관이나 우주론 그리고 윤리관에 대해서 당시의 교회가 수용할 만한 준비가 되어 있지 않다고 생각했다. 따라서 그로 인한 교회와의 마찰을 원치 않았다. 그는 피에르 샤누Pierre Chanut에게 보낸 편지에서 자신이 도덕에 대한 저술을 기피한 이유를 다음과 같이 말하고 있다.

내가 도덕에 관련된 나의 사유들을 저술하 는 것을 습관적으로 기피하였다는 것은 사 실입니다. 그리고 여기에는 두 가지 이유가 있습니다. 하나는 악의적인 사람들이 여기서 보다 손쉽게 비방할 수 있는 핑곗거리들을 찾아낼 수 있다는 것이며, 다른 하나는 (나의 도덕적 저술들에) 다른 사람들의 규범들 을 첨가하여 조정하는 권한이 최고통수권자나 혹은 그에 게 허락받은 사람들에게만 부여되어 있다고 믿었기 때문 입니다.

― 「1647년 11월 20일 자 편지」

데카르트는 도덕적인 진리들은 수학이나 물리학처럼 논쟁의 여지가 없을 만큼 그 자체로 명석 판명할 수가 없다고 보았고, 또한 세상 사람들을 위해 쓰인 도덕적인 진리들이 오히려 기득권을 가진 사람들에 의해 악용될 것을 두려워하였다. 그가 직접적으로 교회를 공격하거나 종교를 비판하지 않았던 것은 용기가 없었거나 권력에 굴복한 것이 아니었다. 그는 그러한 비판이 득보다는 실이 많다고 보았고, 또한 자신의 견해가 오히려 악의를 가진 사람들에게 오용될 것을 두려워하였다. 그렇기 때문에 데카르트는 중세 말기에 이미 획기적이라고 할 수 있는 과학적 발견들을 의심하지 않았지만, 또한 이러한 발견들이 그가 어린 시절부터 가졌던 그리스도교의 세계관을 부정한다고 생각하지도 않았다.

갈릴레오의 지동설이 단죄를 받았을 때, 그는 교회가 오해를 하고 있다고 믿었다. 즉 '이단'이라는 판정이 당시 기득권을 가진 이들의 '무지와 아집'에서 기인된 것이며, 언젠가 좀 더 많은 경험적 사실들이 주어지고 또 교회가 보다 진보하게 된다면 지동설을 인정할 것이라고 믿었다. 마찬가지로 데카르트는 '지동설'이 긍정된다고 해서 곧바로 '창조론'이나 '유신론'이 부정되지는 않는다고 보았다.

데카르트의 관점에서 보자면 중세 가톨릭교회의 오류는 '경험적 사실'에 대한 무지에 있었으며, 반면 과학적 발견으로 인해 기존의 모든 사상을 부정하고자 하는 이들의 오류는

'경험적 사실의 불확실성'을 제대로 인지하지 못한 것에서 기인한다.

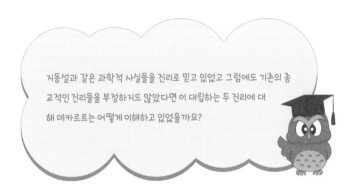

지동설과 같은 과학적 사실들을 진리로 믿고 있었고 그럼에도 기존의 종교적인 진리들을 부정하지도 않았다면 이 대립하는 두 진리에 대해 데카르트는 어떻게 이해하고 있었을까요?

데카르트는 세계의 발생을 우연적인 현상으로 보지 않았다. '충족이유율'에 근거하여 그는 아무것도 없는 것에서는 결코 무엇이 발생할 수가 없으며, 어떠한 원인 없이 무엇이 생긴다고 하는 사실을 긍정할 수가 없었다.

이러한 데카르트의 논리는 사실 "결과는 원인보다 더 클 수 없다"라는 아리스토텔레스의 명제와 같은 것이다. 이러한 명제는 경험적으로도 충분히 납득할 수 있다. 가령 어미 닭(보다 완전한 자)은 알(보다 불완전한 자)을 낳을 수 있지만, 결

무로부터는 어떠한 것도 생겨날 수가 없을 뿐만 아니라, 완전한 것 즉 보다 많은 실재성을 포함하는 것은 불완전한 것 즉 보다 적은 실재성을 포함하는 것으로부터는 생겨날 수가 없다는 결론을 얻을 수 있다.

— 『방법서설』, 6부

코 알이 어미 닭을 낳을 수는 없는 것이다. 따라서 데카르트는 오늘날의 과학이 주장하는 빅뱅이론을 긍정하지는 않을 것이다. 원인도 이유도 목적도 없이 그냥 어떠한 하나의 점에서 세계가 우연히 탄생하였다는 주장이 그에게는 불가능하기 때문이다. 설령 세계의 탄생이 외형적으로는 빅뱅과 같은 그러한 진행을 거쳤다고 해도 데카르트는 그것이 다만 보이는 현상일 뿐 그 이면에 세계보다 더 큰 존재를 가정하지 않는다면 결코 세계의 탄생은 불가능하다고 생각할 것이다.

따라서 데카르트는 창조론을 지지하고 있다. 하지만 그의 창조론은 곧바로 성서적인 창조사건을 의미하지는 않는다. 그는 자신만의 '창조의 지속에 관한 이론'을 제시하고 있다. 이 이론은 『방법서설』과 『형이상학적 성찰』 그리고 『철학의 원리들』에도 등장하고 있다. 이는 신의 창조행위란 단순히 세계의 기원에서만 이루어진 것이 아니라, 세계 혹은 우주가 존재하는 동안 매 순간 세계를 재-창조하는 신의 신성한 행위를 통해서 존재 안에 유지되는 것을 말한다. 데카르트는

> 우리의 생生의 지속만으로도 신의 존재를 설명하는 데 충분하다. 우리는 한순간이라도 우리를 존립시키거나 우리를 보존할 수 있는 어떤 힘도 우리 안에 없음을 쉽게 확인할 수 있다. 그리고 그의 바깥에서 우리를 보존하게 할 만큼 많은 힘을 가진 자는, 스스로 자신을 보존함에 틀림없거나 또는 어떤 것에 의해서 (그것이 무엇이든) 보존될 필요가 없다는 것도 확인할 수 있다. 그리고 이런 존재는 신이라는 것을 확인할 수 있다.
>
> ─ 『철학의 원리들』, 제21원리

먼저 사유의 결과인 정신이 지속하는 이유(원인, 힘)가 정신 그 자체에 있는 것이 아님을 논한 뒤에 "우리 자신의 원인은 우리가 아니라 신神이다"(『철학의 원리들』, 제20원리)라고 결론 짓는다. 그런 다음 그는 세계의 지속성 그 자체의 원인도 세계에 있는 것이 아님을 논하고 있다.

사실 이 이론은 토마스 아퀴나스의 '분유론participatio'과 다르지 않다. 토마스 아퀴나스 역시 세계가 없어지지 않고 지속적으로 존재하는 근본적인 원인은 존재 자체Ipsum Esse인 신으로부터 존재esse를 분유받고 있기 때문이라고 논증한 바 있다.

그렇다면 이러한 창조의 지속은 과학적 관점에서 어떠한 의미를 가질 수 있는 것일까요? 이 문제에 대하여 데카르트는 어떻게 생각했을까요?

창조의 지속에 대한 이론은 데카르트로 하여금 세계를 움직이게 하는 추진력 혹은 동인動因에 대해 설명할 수 있게 한다. 즉 세계를 지속적으로 존재하게 하는 신의 행위가 이 행위를 통해 또한 세계와 세계를 구성하는 각각의 요소에 스스로 움직이게 하는 힘을 제공하는 것이다.

이와 같은 사유는 순수한 과학적 사유로는 설명할 수 없는 것을 설명해 준다. 가령 우주과학자들은 우주 자체가 진화한다고 보고 있다. 태양계도 수억 년의 진화 과정을 거쳐서 오늘과 같은 정교한 모습을 취하게 되었다. 그런데 과학자들은

신은 운동의 첫 번째 원인이다. 그리고 그는 우주 안에 한결같은 양의 운동을 언제나 보존하고 있다. 우리는 운동의 본성을 검토했는데, 이제는 그 원인을 고찰하지 않으면 안 된다. 그런데 그 원인은 두 방식으로 파악될 수 있기 때문에 제1원인이며 또 가장 보편적인 것으로부터 시작하기로 하는데, 이것은 존재하는 일체의 운동을 일반적으로 산출하는 것이다.

— 『철학의 원리들』, 제36원리

또한 에너지 보존의 법칙이라는 것을 주장하고 있다. 즉 우주 전체에 존재하는 에너지는 항상 동일하다고 한다.

그런데 진화란 끊임없는 변화와 진보를 의미하는 것이 아닐까? 우주에 존재하는 에너지가 항상 동일하다고 한다면, 우주를 끊임없이 움직이게 하고 변화하게 하는 그 힘은 어디에서 오는 것일까? 그리고 오늘날 여전히 새롭게 탄생할 신생 은하계들은 어디에서 그 에너지를 취하는 것일까?

이상의 질문에 대해 '우연'이라거나 '신비'라거나 혹은 '알 수 없다'는 답변은 납득할 만하거나 과학적인 답변이 결코 아니다. 아마도 그럴듯한 하나의 답변은 우주의 이면에 우주보다 더 큰 어떤 존재, 즉 신이 끊임없이 우주의 진화를 위한 에너지, 즉 동인을 제공하고 있다는 답변이 될 것이다. 이것이 바로 데카르트가 주장하는 '창조의 지속'이 말하고 있는 의미이다.

그런데 물리학자 스티븐 호킹은 "양자物子의 세계에서는 이러한 '우연'이 실제로 존재하며, 따라서 '우연'이 답변이 될 수 있다"라고 주장했습니다. 이에 대해 데카르트는 어떻게 답할까요?

아마도 데카르트는 "양자의 세계에서는 '우연'이 답변이 될 수 있다"는 스티븐 호킹의 주장에 대해서 여전히 우주의 진화에 대한 납득할 만한 설명이 아니라고 할 것이다. 왜냐하면 호킹의 답변은 "합리적으로 납득하기 어려운 어떤 사실이 우주 안에 실제로 존재하고 있다는 것을 확인한 것"을 의미하는 것이지, 그것이 왜 그러한가, 무엇이 그것을 가능하게 하는가에 대한 답변은 아니기 때문이다.

우리는 여기서 양자세계의 '우연성의 원리'에 대해 주장하는 하이젠베르크에게 "신은 주사위를 던지지 않는다"라고 응수한 아인슈타인의 말을 떠올릴 수 있다. 그는 '양자세계의 우연성의 법칙'이란 다만 우연성 아래에 있는 그 정교한 법

> 신의 섭리의 영원한 뜻(명령)은 아주 무無-오류적이고 부동적이어서, 이 동일한 뜻(명령)이 우리 자유의지에 의존하기를 바랐었던 것을 제외하고, 우리 시각에 필연적이고 치명적인 것 같지 않은 것은 아무것도 일어나지 않는다고 우리는 생각해야만 한다.
>
> — 「정념론」, 146항

칙성을 인간이 모두 파악하지 못하여 발생한 주장이라고 생각했기 때문이다. 데카르트 역시 아인슈타인과 동일한 말을 할 것이다. 왜냐하면 그는 인간의 자유의지를 제외하고는 이 우주 안에 신이 정해 둔 우주의 법칙이나 자연법칙을 거슬러 발생할 수 있는 것은 아무것도 없다고 보았기 때문이다.

따라서 데카르트에게 있어서 물리학(혹은 자연학)이란 바로 이 신성한 행위에서 유래한 법칙들을 연구 대상으로 삼는 학문이다. 애초에 의도한 것인지 혹은 결과론적으로 그렇게 된

잠깐!!!

과학과 종교의 화해 혹은 일치에 대한 사상은 후일 고생물학
자이자 신학자인 테야르 드 샤르댕Teilhard de Chardin에 의해서
보다 완전하게 정립된답니다. 그는 우주의 진화가 곧 신의 섭
리에 의한 것이라 보았고 진화의 마지막에는 전 우주가 '인격
화'되면서 '오메가 지점Omega point'에 이르게 될 것이라고 주장
하였습니다. 그리고 이러한 진화의 완성 지점이 곧 성경이 말하
고 있는 "새 하늘과 새 땅"이라고 주장하였죠.

것인지는 알 수 없으나, 데카르트의 '창조의 지속에 관한 이
론'은 우리가 '자연법칙'이라고 부르는 법칙들을 신의 신성한
행위에서 비롯한 것으로 보고, 자연법칙에 대한 경외와 신성
한 가치를 부여해 주고 있다. 즉 물리학적인 법칙들을 발견
한다는 것은 곧 신의 신성한 업적에 대해 탐구하는 것이며,
신의 섭리를 이해하는 것과 같은 것이다. 이렇게 해서 데카
르트는 과학과 종교의 화해 혹은 일치, 즉 보편학문이 가능
하다고 생각한 것이다.

○ 불완전하고 상대적인 인간이
어떻게 확실하고 절대적인 앎을 가질 수가 있을까?

데카르트는 근대철학자의 선구자라는 이름에 걸맞지 않게 신비주의적인 사유를 견지한 사람이다. 그래서 데카르트를 말하는 사람들은 애써 이 부분을 말하지 않거나 왜곡하고자 하기도 한다. 왜냐하면 신비주의적 정신이란 어느 모로 보나 근대적 정신에 적절한 것은 아니라고 생각하기 때문이다. 하지만 신비주의란 어떤 특정 분야나 특정한 시기에 나타난 사상이 아니다. 인간이 이해할 수 없고, 그 원인을 통찰할 수 없는 세계나 인간의 어떤 현상을 시적詩的으로 표현할 때 이것이 곧 신비주의이며, 신비주의는 고대에서부터 현대까지 늘 존재하고 있다.

이 이해할 수 없는 현상을 설명하기 위해서 데카르트는 '신의 존재'를 긍정하지 않을 수 없었다. 따라서 그의 사상의 기저에는 '신'이 자리하고 있는 것이다. 어떤 관점에서 보자면 데카르트의 신은 종교의 신이라기보다는 형이상학의 신이라고 할 수 있다. 왜냐하면 그가 말하고 있는 신은 신학에서 말하는 신이 아니라, 철학적으로 논증되어야 할 신이기

신에 관한 문제와 정신에 관한 문제는 신학보다는 오히려 철학에 의해서 논증되어야만 할 가장 중요한 문제라고 본다. 왜냐하면 … 신앙이 없는 사람들의 경우에는 사정이 달라서 미리 이 두 가지의 일을 자연적 이성에 의해 증명해 보인 다음이 아니라면 어떠한 종교도, 또한 어떠한 일반적인 덕의 권유조차도 그들로 하여금 받아들이게 할 수가 없다고 생각되기 때문이다.

— 『형이상학적 성찰』, 도입부

때문이다.

　이미 신앙을 가진 사람들이 아니라면, 그들에게 무엇을 믿으라고 권유하거나 강요할 수가 없다. 왜냐하면 믿음이란 자연스럽게 우러나서 스스로 믿게 되는 것이지 힘으로 강요할 수 있는 것이 아니기 때문이다. 자연스럽게 어떤 사람이 무엇을 사실이라고 믿게 하기 위해서 할 수 있는 방법은 두 가지일 것이다. 하나는 믿을 수 없는 사실을 실제로 보여 주는 것이다. 가령 '가장 큰 우정은 벗을 위해서 목숨을 바치는 것'이라는 사실을 믿게 하기 위해서 실제로 벗을 위해 목숨을 내어 주는 것이다. 두 번째는 실제로 보여 주지는 못해도 합리적인 설명을 통해서 상대방이 납득할 수 있게 이해시키는 것이다.

그런데 데카르트는 어떤 사람이 종교 ―여기서는 서구 그리스도교를 말한다― 라는 것을 가지기 위해서는 신이 무엇인지, 그리고 정신이 무엇인지를 깨닫게 하는 한 가지 방법밖에 없다고 생각한다. 왜 그런가? 왜냐하면 인간은 스스로 분명하고 옳다고 확신하게 된다면 그것을 추구하지 않을 수 없는 '사유하는 존재'이기 때문이다.

이미 아우구스티누스는 그의 『고백록』에서 "(신앙을 가지기 위해) 나는 무엇을 알고자 하는가? 신과 나의 영혼, 이 두 가지밖에 없다"라고 말했다. 다만 아우구스티누스는 '알기 위해서 믿음이 필요하다'고 생각했다면, 데카르트는 '믿음을 가지기 위해서 먼저 이해하여야 한다'고 생각하였다. 데카르트나 아우구스티누스에게 있어서 '신'과 '정신'이 무엇인지를 분명히 밝히는 것은 종교적 삶이 이루어지기 위한 필요조건과도 같은 것이다. 다만 아우구스티누스가 신앙의 우선성을 강조했다면, 데카르트는 이성의 우선성을 강조하고 있다.

"신앙(믿음)이 먼저인가 이성(앎)이 먼저인가?"
이 질문은 종교와 관련된 중세철학의 가장 중요한 질문 중 하나였지요. 그런데 데카르트는 왜 이성(앎)이 무엇보다 중요하다고 생각했을까요?

종교와 관련하여 데카르트가 신앙보다는 이해를 우선시한 이유는 무엇일까? 그것은 진리에 대한 앎 혹은 더 이상 의심할 수 없는 명석 판명한 앎은 그 자체가 곧 신으로부터 기인하는 것이라고 보았기 때문이다.

앞서 보았듯이 데카르트에게 있어서 무릇 진리라고 할 수 있는 것은 그 자체로 분명한 앎, 즉 절대적으로 확실한 앎들이다. 그런데 누군가 "불완전하고 상대적인 지평에 있는 인간이 어떻게 완전하고 절대적인 앎을 가질 수가 있는가?"라

우리들 속에 있는 모든 것은 신으로부터 비롯되고 있다는 이유에서만 확실한 것이기 때문이다. 그리하여 이 점에서 우리들의 관념이나 개념은, 그것들의 명백한 모든 부분에 있어 어떤 실재성을 가지며, 한편 신으로부터 비롯되는 까닭에 그 점에 있어 진실하지 않을 수 없게 되는 것이다.

— 『방법서설』, 1부

고 질문한다면 대답할 수가 없다. 왜냐하면 '충족이유율'에 따르면 불완전한 자가 완전한 것에 대한 이해를 낳는다는 것 자체가 모순이기 때문이다. 그럼에도 본유관념을 비롯하여 이런 절대적인 앎이 존재한다는 사실은 부정할 수가 없다.

그래서 해결책은 단 한 가지뿐이다. 즉 이런 앎을 야기하는 것은 인간이 아니라 '완전한 자로서의 신' 자신이라고 생각하는 것이다. 이 같은 생각이 논리적인 이유로 도출된 것인지 실제로 데카르트가 그렇게 믿었던 것인지는 알 수 없지만, 데카르트는 모든 절대적인 앎은 곧 신에서 비롯되는 것이라고 분명히 단정 짓고 있으며, 그렇기 때문에 신에 대한 사유를 완전히 제거해 버릴 때는 진정한 학문이 불가능하다고 생각하였다.

"그 자체로 확실한 앎은 모두 신에게서 비롯한다"라는 진술은 '비유적인 진술'이 아니라, '신비주의적인 사고'이다. 즉 이 말은 말할 수 없는 어떤 것을 말하기 위해서 비유로 표현한 것이 아니라, 실제로 그러한 것 즉 실재이지만 다만 신비주의적 관점에서 이해된 실재를 표현하고 있는 것이다.

어떤 의미에서 신비주의자란 과학자들이 보는 세계의 반대편을 보는 사람들이다. 과학자에게 있어서 '물'이란 'H₂O'에 지나지 않는 것이겠지만, 시인에게 있어서 물은 '순수성'이요 '생명의 근원'일 수 있듯이, 신비주의적 관점에서 보자면 그 자체가 절대적으로 확실한 앎 즉 진리는 바로 신의 속성이며, 따라서 절대적인 앎이 있는 곳에 신성한 무엇이 함께 있는 것이다. 그렇기 때문에 신비주의를 이해할 수 없는 이들에게 있어서 데카르트의 이러한 사유는 곧 '이데올로기'라고 생각될 것이다.

그렇다면 신비주의의 어떤 관점, 어떤 원리에 의해서 앎이 신으로부터 온다고 볼 수 있는 것일까?

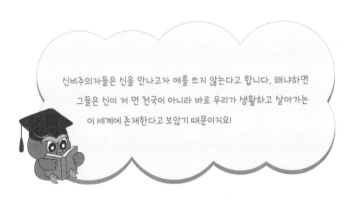

신비주의자들은 신을 만나고자 애를 쓰지 않는다고 합니다. 왜냐하면 그들은 신이 저 먼 천국이 아니라 바로 우리가 생활하고 살아가는 이 세계에 존재한다고 보았기 때문이지요!

신비주의자들은 자신들을 신성한 바다에서 헤엄치는 물고기에 비유하곤 한다. '신은 사랑이시니Deus caritas est' 자신들이 사랑의 삶을 살 때 곧 신과 함께하는 것이라고 생각한 것이다. 우리가 감각하거나 의식하고 있지 않지만 신은 항상 우리와 함께하며 우리가 사랑을 깨달을 때마다 사실은 신을 만나는 것이라고 보았다. 이러한 관점은 정확히 데카르트의 진리에 대한 이론과 일맥상통하고 있다.

데카르트는 '창조의 지속에 관한 이론'을 통해서 세계에는 사물들의 질서와 신성한 질서가 있음을, 그리고 앎의 질서와 믿음의 질서가 있음을 구분하고 있다. 이 두 가지의 질서가 서로 교차하는 지점이 곧 '더 이상 의심할 수 없는 절대적인 앎 즉 진리를 깨닫게 되는 지점'이다. 다시 말하면 인간이 그 자체로 분명한 절대적 앎을 통찰하는 그 순간이 곧 이 세계 속에 있는 신성한 질서에 발을 딛는 순간이다. 만일 신비주의자들에게 '사랑'이 곧 신을 만나는 길이라고 한다면, 데카르트에게 있어서는 '진리에 대한 앎'이 곧 신을 만나는 길이라고 할 수 있다. 그래서 데카르트의 정신에 있어서는 "내가 절대적으로 확신하는 진실이나 진리를 알게 될 때, 거기에 신이 함께 존재하는 것이다"라는 진술이 가능한 것이다.

사람들은 '신성한 학문의 전당'이니, '신성한 법정'이니 혹은 '결혼의 신성한 서약'이니 하는 등의 말을 서슴없이 한다. 문학자라면 이러한 표현들은 매우 소중하고 가치 있는 어떤 것을 말하기 위한 비유적인 표현 즉 '강조용법'이라고 할 것이다. 하지만 데카르트에게 있어서 이러한 말은 단지 비유적인 것이 아니다. 그는 그것이 어떠한 분야건 사람들이 불완전하고 상대적인 지평을 넘어서 그 자체로 명백한 절대적인 것과 관계할 때, 이는 실제로 이 세계 내에 있는 신성한 지평에 맞닿는 순간이라고 보고 있는 것이다.

생각해 보자! 어떤 사람이 사랑하는 사람을 위해서 자신의 목숨을 내어 주었다면 이것이 순수하게 인간적인 덕으로 가능한 것일까? 그렇지 않을 것이다. 인간이란 본능적으로 자신의 존재를 사랑하고 유지하고자 하는 존재이기에 그것을 완전히 포기하는 행위는 결코 인간적인 어떤 것으로는 불가능하다. 즉 벗을 위해 생명을 바치는 사람은 이미 신성한 질서에 있으며, 그의 완전한 사랑은 곧 신으로부터 온 것이다.

2차 대전 중이던 1941년에 아우슈비츠 수용소에서 유대인 한 명이 탈출을 시도했다. 이로 인해 독일군은 본보기 삼아 열 명의 동료 유대인을 사형하기로 했는데, 무작위로 선발된 사람 중에 프란치세크 가요브니체크라는 사람이 있었다. 그는 유독 죽기를 두려워하며 자신에게는 가족이 있으니 살려 달라고 애원하였다. 독일군은 그 대신 죽기를 자처하는 사람이 있다면 살려 주겠노라고 약속하였지만, 선뜻 나서는 사람이 없었다.

이때 막시밀리아노 콜베라는 한 가톨릭 신부가 그 대신 죽겠다며 나섰고, 덕분에 가요브니체크는 목숨을 건질 수 있었다. 그는 끝까지 살아남아 신부의 죽음에 대해 증언하였다. "콜베 신부는 지옥 같았던 수용소 안에서 신과 함께하였다"고 말이다.

마찬가지로 소크라테스처럼 자신의 신념을 위해 혹은 진리를 위해서 목숨을 내어놓은 사람은 이미 신성한 지평에 있는 사람이다. 그들이 확신하는 진리는 곧 신으로부터 온 것이다.

아마도 현대를 살아가는 어떤 현명하다는 사람이 이러한 데카르트의 사유를 "도무지 낯설고 고루해 보인다"고 비판한다면, 데카르트는 그 원인은 자신의 사유가 고루한 때문이 아니라, 그들이 그만큼 사물들의 질서에 너무 침잠해 있어서 "신성한 질서에 대한 감각을 상실하였기 때문"이라고 답변할 것이다.

4장

데카르트에 대한
찬사와 비판

───── 영화 〈디트로이트〉는 1967년 미국 미시간주의 '디트로이트'에서 실제로 발생했던 사건을 모티브로 만든 영화이다. 이 영화의 줄거리는 인종차별로 인해 비극적인 사건이 벌어졌다는 것이 전부이다. 하지만 그 내용에는 보다 많은 의미와 메시지를 담고 있다. 인간의 뿌리 깊은 편견과 오해는 비단 인종차별적인 문화에서만 존재하는 것이 아니다. 외국인 노동자에 대한, 장애인에 대한, 성별에 대한, 노인에 대한, 특정 정치인에 대한 수많은 편견과 오해들이 우리들의 일상에서 매일같이 일어나고 있다.

이는 진리를 추구하는 철학의 영역에도 예외는 아닐 것이다. 중세철학의 거장이었던 토마스 아퀴나스도 그의 학문적 인생의 중반기에 '근본적인 아리스토텔레스주의'라는 오명으로 '이단 판정'을 받았으며, 이러한 오해는 사후 '성인품'에 오르면서 비로소 해소되었다. 데카르트 역시 '근대철학의 선구자'라는 별칭을 가지고 있는 만큼 많은 찬사와 비판을 동시에 받았던 철학자이며, 그의 사상에 대한 오해는 현재 진행형이다. 그러므로 데카르트에 대한 찬사는 어떠한 것이며, 또 그 오해는 무엇인지 공정하고 겸허하게 숙고해 볼 필요가 있을 듯하다. 아마도 이는 평생을 철학을 위해 헌신하였던 한 철학자에 대한 유일한 보상이 되지 않을까?

○ 새로운 형이상학의 촉발과 그 후예들

데카르트의 사유하는 '나(주체)'에 대한 자각은 이후 헤겔, 칸트 그리고 후설 등에게 '자아'에 대한 탐구와 관련하여 지대한 영향을 미쳤다. 마찬가지로 키르케고르, 루이 라벨 등의 실존주의에도 대단한 영향을 미쳤다. 그중에서도 루이 라벨은 데카르트의 '사유 주체'에 대한 성찰은 현대 형이상학의 출발점이 되고 있다고 경의를 표하였다. 라벨은 데카르트의 사상을 인간이 "자신과 세계를 새롭게 발견하게 된 지렛대"로 여기면서, 그의 사상을 멘 드 비랑Maine de Biran의 형이상학 데카르트의 위대함은 그의 힘과 용기로부터 취해진다. 앞에 있어서와 마찬가지로 행위 안에서, 그의 사유는 신성한 사유와 언제나 함께 걸었고, 이 신성한 사유와 함께 창조의 작업에 협력하였다.

— 루이 라벨, 『자아와 그 운명』, 1장

을 낳은 '어머니 사상'이라고 칭하기도 하였다.

그리고 데카르트적 신비주의는 스피노자의 '범신론'의 전신前身이 된다. 스피노자가 "나는 매일 아침 떠오르는 태양을 보며 기적을 발견한다"라고 하였을 때, 이는 매 순간 자연법칙을 유지하게 하는 데카르트의 신을 상기시킨다. 그리고 스피노자는 다만 자연법칙을 유발하고 유지하는 힘이 아니라, 이러한 자연법칙들의 총체가 곧 '신'이라고 생각하였다. 다른 한편 데카르트의 '심신이원론'은 '기회원인론'을 주장한 말브랑슈N. Malebranche에서 완성되는데, 말브랑슈는 데카르트가 주장한 심신이원론의 한계점(정신과 육체의 상호 연관에 대한 기계론적 해석)을 한층 더 신비주의적으로 해결하고자 하였다. 말브랑슈는 매 순간 우리가 무엇을 인식하고 의지를 유발할 때, 그것은 곧 세계에 내재하는 신이 우리들의 행위를 기회로 삼아서 진리를 실현하고 있는 것이라고 생각하였다. 즉 세계 내의 모든 법칙과 진리는 곧 신이 세계 내의 존재자들을 기회로 삼아서 새롭게 창조한 것이라고 보았다.

물론 우리는 데카르트가 스피노자나 말브랑슈의 사유에 동의할지는 알 수 없지만, 이들의 사유의 근원이 데카르트에 있다는 것은 부정할 수가 없다. 나아가 우리는 이러한 신비주의적인 사유들을 순수한 학문적 진리로 받아들이기에는 무리가 있으며, 시적이고 문학적인 표현이라고 생각할 수도 있을 것이다. 하지만 신비주의가 가지는 가장 큰 장점은 우리가 발을 딛고 있는 이 현상의 세계에 신성한 무엇이 함께하고 있으며, 그러기에 우리가 당연시하는 무수한 자연현상들, 매일같이 보고 느끼는 작은 자연의 이치들을 소중하고 신성한 무엇으로 고려할 수 있는 일종의 '초월적-지평'을 열어 준다는 데 있을 것이다. 이러한 의미에서 데카르트의 사상을 '초-현실주의의 기원'으로 보는 것도 가능할 것이다.

○ 허수아비 공격의 오류와 억울한 데카르트

데카르트의 사유는 근현대의 사상에 지대한 영향을 미쳤고 많은 찬사를 받은 만큼이나 그 어떤 사상보다 더 심하게 비판을 받기도 했습니다. 하지만 이러한 비판은 대체로 ─최소한 데카르트의 입장에서 보자면─ 일종의 오해에서 비롯되었지요.

우리는 데카르트가 받은 비판을 크게 세 가지로 분류할 수 있다. 첫 번째 비판은 '나는 사유한다'는 인식의 문제에서 '나는 존재한다'는 존재론의 문제로 이행한 것에 대한 비판이다. 칸트의 경우는 인식론적 문제에서 존재론적 문제로의 이행을 '범주의 비약'으로 볼 수 있다. 하이데거의 경우 '그러므로ergo'의 언어적 사용의 오류를 지적하면서 '사유하다(코기토)'와 '있다(숨)'의 두 사태가 동시적인 것이며, 따라서 연역적인 추론이 될 수 없기에 그 자체로 분명하지 않음을 지적하고 있다. 따라서 이 둘은 모두 사유하는 주체의 존재론적인 명백함(즉 실체성)을 비판하고 있다.

둘째, 하이데거는 코기토의 행위를 사물의 본질을 통찰하는 것으로 이해하고, 이를 대상을 분석하고 소유하는 행위라고 비판하고 있다. 이와 유사하게 데리다의 경우는 데카르트의 사유하는 주체는 앎에 관하여 '절대적인 특권'을 가지면서 사유 주체가 사유 대상을 소유 내지 전유專有하면서 일종의 '착취관계'를 형성하고 있다고 비판한다. 그는 더 나아가 이러한 사유가 17~18세기의 자본주의 소유이론의 근원이 되고 있다고 비판한다.

셋째, 주체란 '문화와 언어의 상호 주관적인 구조' 속에 있다고 생각하며 "항상 과정 중에 있는 주체"를 강조한 라캉의 경우이다. 그는 데카르트의 주체를 경직된 '자기중심주의적 주체'라고 비판할 것이다.

하지만 이러한 모든 비판은 어쩌면 데카르트의 사상을 객

관적으로 이해하지 못하였거나 그가 말하는 진정한 의도를 오해한 결과로 볼 수 있다. 무엇보다 먼저 데카르트의 '코기토'의 원리는 범주의 문제나 추론(연역)의 문제가 아니라, 원인과 결과라는 인과의 문제이며, 결과론적으로 직관의 문제이다. 데카르트는 사유의 속성이 물질(연장)의 속성과 명백히 구분되는 것으로 보았고, 따라서 사유의 원인이 되는 것(정신)도 순수하게 정신적인 존재라고 본 것이다.

둘째, 데카르트의 사유하는 주체의 사유cogito, penser는 결코 사물의 본질을 파악하거나 구성하는 그러한 주체가 아니라, 다만 대상을 고찰함에 있어서 이성을 가진 누구에게나 긍정되는 분명한 법칙이나 원리를 파악하고자 하는 행위일 뿐이다. 따라서 데카르트의 사유를 대상에 대한 '전유'라고 평가하는 것은 오해이며, 일종의 '의도 확대의 오류'이다.

셋째, 자기 세계(내면세계)로서의 자아는 오직 자신에게 속하는 자신의 몫일 뿐 외부세계와 연관 지을 수 없다. 그렇기 때문에 데카르트의 자아는 창조된 '자기 세계'의 특성을 말해 주고 있을 뿐, 아직 '상호 주관성'의 차원으로는 발전되고 있지 않다.

• 허수아비 때리기 오류(straw man fallacy)라고도 불리는 이 이론은 일종의 오류논증을 말합니다. 상대방의 입장과 피상적으로는 유사하지만 실제로는 다른 관점이나 입장(즉 허수아비)을 내세워 환상을 만들어 내고, 이 환상을 반박하는 것을 논리학에서는 '허수아비 공격의 오류'라고 부릅니다. 가령 한국 사회에서 비꼬는 투로 "색깔 논쟁이다"라고 할 때, 이 말은 곧 허수아비 공격의 오류를 범하고 있다는 의미입니다.

결국 이 모든 오해는 데카르트를 비판하기보다는 '유사 데카르트'를 비판하고 있는 셈이다. 즉 데카르트에 대한 후대의 비판들은 공통적으로 '허수아비 공격의 오류'*를 범하고 있는 셈이다. 데카르트에 대한 가장 정당한 비판이 있을 수 있다면 아마도 그것은 "그는 그 이상으로 나아가지는 못하였다"가 될 것이다.

『편하게 만나는 프랑스철학 ─ 데카르트와의 1시간』은 분주하게 살아가는 현대인들을 위한 책이다. 즉 두꺼운 철학서적을 읽기에는 너무나 시간이 부족한 현대인들을 위해 짧은 시간 안에 읽을 수 있는 분량의 책, 단조로움과 무료함을 싫어하는 현대인들을 위해 다채로운 구성의 효과를 가질 수 있는 책, '철학이란 어려운 학문'이라는 편견을 해소할 수 있을 만큼 누구나 자연스럽게 접할 수 있는 일상적 용어나 현실적인 문제를 통한 글의 전개, 그리고 비록 많지 않은 분량이지만 한 철학자의 정신과 사상의 핵심을 잘 드러낼 수 있는 책, 이러한 점을 고려해 저술된 것이 이 책이다. 한 마디로 이 책은 고교생 정도의 지적 수준이면 누구라도 편안하고 재미있게 읽을 수 있다.

　처음 이러한 책에 대한 구상을 출판사로부터 전해 들었을 때, 매우 흥미로웠지만 그럼에도 1시간 만에 읽을 수 있는 적은 분량의 책으로 이러한 목적들을 이룰 수 있을지에 대한 의

구심을 가진 것도 사실이다. 하지만 상대적으로 철학에 대한 친근감이 부족한 현대의 한국인들에게는 이러한 종류의 책이 반드시 필요하다는 것을 직감적으로 느낄 수 있었고 시도해 볼 만한 가치가 있다고 판단되었다. 더욱이 아직 국내에는 철학자 데카르트에 대한 제대로 된 소개서가 없다는 점도 나에게는 매력적이었다. 아이러니하게도 일반인들에게 데카르트라는 이름을 말하면 모르는 사람이 거의 없지만, 그의 정신이나 사상이 무엇인지를 묻는다면 누구도 3분 이상을 말하는 사람이 없는 철학자가 데카르트이다. 이런 철학자를 소개한다는 것은 어쩌면 내가 오랫동안 프랑스에서 철학을 배운 것에 대한 유일한 보답일 거라는 생각도 들었다.

데카르트는 '근대철학의 선구자', '합리주의의 아버지' 등의 별칭을 가진 철학자이다. "나는 사유한다, 고로 나는 존재한다"는 명언을 통해서 고교 교과서에 소개되었기에 대중적으로 널리 알려진 철학자이지만, 정작 데카르트를 전공한 철학도는 매우 드문 것이 사실이다. 그 이유는 아마도 그가 깊이 있는 철학이나 심오한 사상을 제시해 준 철학자라기보다는,

철학을 위한 가장 기본적인 정신과 자세들, 철학을 시작하는 사람들을 위한 근본적인 길잡이를 제공해 준 철학자이기 때문일 것이다. 다시 말해서 그는 학문을 위한 기본적인 자세와 철학을 하는 진정한 방법론을 제시함으로써, 근대적 정신과 근대철학을 촉발시킨 선구자였다. 그리고 근대 이후 대다수의 위대한 철학자들 중에서 직간접적으로 데카르트의 영향을 받지 않은 철학자가 없었다. 더 높은 건물을 세우기 위해서는 보다 튼튼한 기초가 필요하듯이 데카르트의 철학은 이후 다른 모든 철학을 위한 튼튼한 기초를 놓았다고 해도 과언이 아니다. 그렇기 때문에 프랑스 철학 시리즈를 구상하면서 데카르트를 첫 주자로 선택한 것은 아주 적절한 것이라 생각한다.

데카르트를 근대철학 혹은 근대정신의 아버지라고 부르는 것은 무엇보다 그의 '자연적 이성에 대한 신뢰' 때문이라고 할 수 있다. 그의 '방법론적 회의'가 말해 주듯이 그는 의심할 수 있는 것은 무엇이든지 의심하였고, 기존의 모든 철학 사상을 뒤로한 채 스스로 모든 것이 분명해질 때까지 사유하기를 멈추지 않았다. 그리고 오직 그 자신에게 그 자체로 명석하고(분명하고) 판명한(분명히 구분되는) 것들만 진리로 간주하면서 나아갔다. 또한 정신의 사유하는 능력은 이렇게 올바로 사유하기만 한다면 무엇이든지 알아낼 수 있고 아무리 심오한 것이라도 발견할 수 있을 것으로 믿었다. 그리고 이러한 진리 탐구의 방법론은 모든 학문에 있어서 공통되는 것이라 믿었다. 그리하여 그는 철학뿐만 아니라 법학, 수학, 물리학, 기하학 등 다방면에 대한 관심을 불태웠고 다양한 진리 탐구의 법칙들과 원칙들을 제시하였다.

이렇게 진리 탐구의 기본 원리가 되는 '사유하는 인간의 정신'은 만인이 탄생과 더불어 동일하게 가지게 되는 것이라 생각함으로써 데카르트는 인간성에 대한 무한한 신뢰를 보여주고 있다. 또한 그의 이러한 사유는 후일 "만인이 법 앞에 평등하다"는 '만인 평등설'의 기초가 되었다고 할 수 있다. 일체의 권위보다는 각각의 개인들이 지니고 있는 사유하는 능력에 더 큰 신뢰를 가졌던 데카르트를 근대적 정신의 아버지라고 부르는 것은 정당한 것이다. 현대철학의 선구자였던 키르케고르가 "인간의 정신에는 진 세계와 맞서 싸울 만한 힘이 있다"라고 하였는데, 아마도 이는 데카르트를 두고 한 말이 아닌가 생각된다.

학문적으로 데카르트의 가장 큰 공적은 이전에는 없었던 '새로운 형이상학'의 비전을 제시하였다는 것에 있을 것이다. 그것은 곧 '자아에 대한 탐구'이다. 그는 사유하는 정신이 물질과 구분되는 순수한 정신적 실재임을 증명한 뒤에 인간은 사유함으로써만 자신의 자아(자기에 대한 총체적 관념)를 가질 수 있음을 통찰하였다. 다시 말해서 인간은 사유를 통하여 자신의 내면에 '자기 세계'라는 것을 가지게 되며, 이는 우리가 살고 있는 이 세상과는 전혀 다른 '나만의 가치', '나만의 의미'를 간직하고 있는 '내적인 세계'이다. 이러한 자신의 내적인 세계 혹은 정신적인 실재를 가질 때만이 인간은 "나는 나의 존재를 지니고 있다"고 말할 수 있는 것이다.

이렇게 형성된 '자신의 세계' 혹은 '내면적 세계'는 유일한 것이기에 유일한 가치 혹은 절대적인 가치가 된다. 이는 인간의 절대적인 존엄성에 대한 비전을 제시하면서, 이후 인간의 의식과 무의식에 대한 탐구 그리고 심리학 탐구에 지렛대가 되었다. 한 마디로 데카르트는 인간이란 정신적인 존재이며,

인간답게 존재한다는 것은 정신적으로 존재하는 것임을 역설한 철학자요, 인간의 정신은 무한한 가능성을 가진 것임을 역설한 철학자였다.

데카르트는 과학과 종교의 화해라는 차원에서도 하나의 새로운 비전을 제공해 준 선구자였다. 비록 그는 근대적 주체성을 가진 철학자였지만 가톨릭적 사유를 견지하고 있었고, 지동설을 믿고 있었지만 신의 존재를 부정한 적이 없었다. 그는 시계보다 백만 배나 더 정교한 이 우주가 저절로 탄생하였다는 비-합리적인 이론을 결코 수용할 수가 없었고, 그렇다고 경험적으로 확인된 분명한 자연의 법칙들을 결코 의심할 수도 없었다. 그래서 그는 오히려 천체의 운행이나 자연의 법칙들을 유지하고 그 힘(에너지)을 제공하는 원동자가 곧 신의 신성한 힘이라고 보았다. 이리하여 그는 '창조의 지속'이라는 개념을 산출하였고, 당연한 것 같은 자연법칙들과 천체의 운행 등에 무한한 경외심을 불러일으킨 것이다. 이러한 그의 사유는 후일 스피노자, 말브랑슈, 멘 드 비랑 그리고 테야르 드 샤르댕의 사상으로 이어지고 있다. 이러한 이유로 루이 라벨은 데카르트의 사상을 "자신과 세계를 새롭게 발견하게 된 지렛대"라고 평가한 것이다.

아마도 사람들은 데카르트가 윤리학이나 도덕철학을 남겨주지 않은 점에 대해서 아쉬워하거나 비판할 수도 있을 것이다. 그리고 자아에 대한 탐구를 좀 더 진행시키지 못한 점에 대해서도 그럴 수 있다. 하지만 이는 그 스스로 밝히고 있듯이 ―윤리학에 대한 저술을 하지 않았던 이유는 자신의 저술이 악용될 것을 두려워한 때문이라고 밝히고 있다― 지동설을 이단으로 판결하였던 당시의 분위기 속에서는 득보다 실이 많았다고 믿었기 때문이었다. 윤리·도덕에 대한 그의 적지 않은 편지글들을 모아 체계적인 '데카르트의 윤리학'을 정립하는 것은 후대들의 몫이 아닐까 생각된다.

비록 초심자들을 위한 책이긴 하나, 평소에 존중하던 철학자에 대해 글을 쓴다는 것은 무엇보다 의미심장하고 행복한 일이 아닐 수 없다. 이 작은 한 권의 책을 통해서 독자들이 철학에 대해서 좀 더 친숙하게 되고, 조금이라도 철학을 공부하는 맛을 들이게 된다면… 하는 마음을 가져 본다. 이 책을 쓸 수 있도록 제안해 주신 세창출판사의 모든 분들께 깊이 감사 드린다.

2019년 초여름에

아라동 연구실에서, 저자

○ 데카르트 연보

1596년 3월 31일   렌Rennes 시 시의원의 3남으로 탄생, 1년 만에 어머니 사망.

1616년   법학 전공으로 푸아티에Poitiers 대학 졸업.

1616~1618년   파리에서 은거생활로 독학.

1618년   네덜란드 군에 자원, 물리학자 베크만과의 만남, 최초의 물리학 논문 두 편 작성.

1619년   철학자의 소명과 관련된 세 가지 꿈을 꿈.

1620~1629년(1차여행)

전 유럽을 여행하며 당대의 석학들과 논쟁함.

「개인적인 사유Cogitationes Privatae」,「확고한 요소들에 관하여De Solidorum elementis」작성.

『정신활동을 위한 원칙들les Règles pour la direction de l'esprit』,『형이상학에 관한 소고Traité de métaphysique』(현재 소실됨) 저술 시작.

1622년   어머니가 유산으로 남긴 충분한 재산과 6,000권의 책을 상속.

1629~1637년(2차여행)

『형이상학 서설Méditations métaphysiques』저술 시작.

1629년 『정신활동을 위한 원칙들』출간.

1631년   기하학의 원리 발견, 굴절광학Dioptrique 완성.

1633년   5년 만에 완성한 『세계 혹은 빛에 관하여le Monde ou le Traité de la

lumière』를 출간하고자 했으나, 갈릴레오의 지동설이 '이단'으로 판정
되자 출간을 포기(사후, 1664년에 출간됨).

1637~1641년 네덜란드의 산포르Santpoort에 정착.

1637년 『방법서설*Discours de la méthode*』을 프랑스어로 출간.

1641년 『형이상학적 성찰*Méditations métaphysiques*』 출간.

1643년 보헤미아의 공주 엘리사베스의 개인교사가 됨, 다수의 윤리학 관련
편지 작성.

1644년 『철학의 원리들*les Principes de la philosophie*』 출간.

1649년 스웨덴 여왕 크리스티나의 개인교사가 됨,『영혼의 열정들*des passions
de l'âme*』(정념론)을 프랑스어로 출간.

1650년 2월 11일 독감으로 인한 급성폐렴으로 스웨덴의 스톡홀름에서 사망.